1만 시간 자수성가의 비밀

지은이 **정찬영**

온라인 마케팅 회사 유엔아이 커뮤니케이션즈의 대표이자 창업 및 진로 멘토링 유튜브 크리에이터. 그가 이끄는 유엔아이 커뮤니케이션즈는 다양한 온라인 광고를 성공시키며 업계 선두로 자리매김했고, 2017년 한국소비자만족지수 온라인 마케팅 부문 1위, 동아일보 선정 2018년을 빛낼 퍼스트 굿브랜드 온라인 광고 부문 대상을 수상하며 가치를 인정받았다. 또한 요식, 뷰티 등 다양한 분야로 확장한 사업들이 연이어 히트를 치면서 '손대는 것마다 성공'시킨다는 평가를 받았다. 그는 온·오프라인 매체를 통해 성공의 롤 모델이자 멘토를 찾는 수많은 청춘과 시청자들에게 진솔하고 실용적인 조언을 아끼지 않는다. 덕분에 그의 채널은 약 8만 5000명이 구독하고 있으며 총 누적 조회 수는 1200만 뷰를 돌파했다(2019년 11월 기준).

정찬영 대표가 가장 중요하게 여기는 경영 원칙은 고객사, 직원들과의 소통이다. 그간의 방송 출연, 인터뷰, 유튜브 영상을 통해 이런 원칙을 지켜본 전직 및 현직 경영인, 예비 사장과 창업자들은 그의 경험과 노하우, 숱한 실수와 실패가 성공의 본질을 꿰뚫는 '리얼'임을 인정한다. 정찬영 대표는 성공을 꿈꾸고 진로를 고민하는 청춘들이 때로 공감하고 때로 도움을 얻을 수 있는 자신만의 이야기를 이 책에 오롯이 담았다.

1만 시간 자수성가의 비밀

2019년 11월 29일 초판 1쇄 발행 | 2019년 12월 13일 초판 2쇄 발행

지은이 정찬영 | 펴낸곳 부키(주) | 펴낸이 박윤우
등록일 2012년 9월 27일 | 등록번호 제 312-2012-000045호
주소 03785 서울 서대문구 신촌로3길 15 산성빌딩 6층
전화 02) 325-0846 | 팩스 02) 3141-4066 | 홈페이지 www.bookie.co.kr
이메일 webmaster@bookie.co.kr | 제작대행 올인피앤비 bobys1@nate.com

ISBN 978-89-6051-761-5 03190

이 도서의 국립중앙도서관 출판예정도서목록(CIP)은 서지정보유통지원시스템 홈페이지 (http://seoji.nl.go.kr)와 국가자료공동목록시스템(http://www.nl.go.kr/kolisnet)에서 이용하실 수 있습니다.(CIP제어번호: CIP2019045748)

bㅅoc는 부키(주)의 출판 브랜드입니다.
Always **B-Side** You.

월급 69만 원 영업 사원에서
10년 만에
건물주가 되었습니다

1만 시간
자수성가의
비밀

정찬영 지음

ㅂㅇㄷ

무엇이 그리 불안한가요,
정답은 이미 당신 안에 있는데…

누구나 좋은 책을 만나면 "나도 꼭 성공해야지" "나도 해내야지" 하며 마음 한편이 끓어오르기 마련이다. 하지만 그 마음은 현실의 벽에 부딪혀 길게, 멀리 가지 못하고 이내 시들어 버린다. 많은 사람이 "이걸 해내기에는 저게 너무 힘들어" "과연 이게 될까? 실패하면 어떻게 하지?"라며 자신을 의심하는 것이다.

　나는 간혹 젊은 친구들을 만날 기회가 생기곤 한다. 그때마다 젊은이들은 내게 묻는 질문이 있다. 그 형식과 표현은 일부 차이가 있지만 공통적인 질문은 이렇다. "누군가 저에게 이렇게 하라던데 맞는 걸까요?" "저는 이렇게 할까 생각 중인데 괜찮을까요?" 아무래도 자신들이 가지지 못한 것을 내가 조금 더 가지고 있고, 자신들이 해 보지 못한 경험을 내가 조금 더 해 봤으며, 자신들이 만나지 못한 이들을 내가 조금 더 만나 봤을 거라는 생각 때문에, 간절한 마음으로 던진 질문일 것이다.

그러나 그 '간절함'에 미안하게도 난 한 번도 명쾌하게 "맞습니다" 혹은 "아닙니다"라는 답을 한 적이 없다. 이 책 역시 마찬가지다. 책의 첫머리에서 하는 이야기로는 다소 어울리지 않겠지만, 이 책에도 그러한 질문에 대한 답은 없다. 아니, 답이 없다기보다 나는 답을 할 수가 없다.

그런 질문을 던지는 젊은이들의 공통적인 특징은 '결과'로서의 '답'을 원한다는 것이다. 하지만 그 친구들에게 과연 '결과로서의 답'을 이야기해 주는 것이 옳을까? 아니, 당위를 떠나서 모두에게 가치가 있는 '결과로서의 답'이라는 것이 존재하기나 한 것일까? 그 순간의 결과로 봤을 때 옳은 선택과 옳지 않았던 선택의 결과물은 있을지 모른다. 나는 자수성가한 사람부터 성공했다가 다시 망한 사람, 부유한 부모를 두었지만 부모의 재산을 모두 까먹은 사람과 더 큰 부를 일군 사람 등 다양한 사람들을 만나 그들과 이야기를 나눠 보았다. 그러고 나서 내린 결론은 "과정

속에 답은 없다. 성공이라는 결과만 유사할 뿐 각기 다른 성향을 가진 사람들의 성공 과정 또한 모두 달랐다"는 것이다. 하지만 그들로부터 공통된 공식 또한 발견할 수 있었다. "자기 기준에서 최선을 다했고 운과 타이밍도 좋았다. 이런저런 실수도 하고 포기하고 싶은 순간도 있었지만, 그래도 손을 놓지 않고 버티고 버텼더니 결국 성공하게 됐다"는 것이다.

그러므로 생각하고 행동해야 한다. 남에게 의지해 결과와 성과를 내서는 안 된다. 자기 인생은 자신이 만드는 것이다. 인간은 죽지 않는 이상 언제나 과정 속을 살아간다. 하지만 여전히 많은 사람들이 정답을 발견한 것처럼 군다. 주식으로 돈을 번 사람은 "주식 투자만이 답이다!"라고 단언하고, 부동산으로 돈을 번 사람은 "역시 땅만 한 것이 없어!"라고 소리치며, 장사로 대박을 친 사람은 "뭐니 뭐니 해도 장사가 최고지!"라고 강조한다.

하지만 그들은 성공하고 돈을 번 과정에서 얻은 작은 경험과 좁은 견해를 바탕으로 그렇게 말하는 것뿐이다. 그 누구도 '결과로서의 답'을 이야기해 줄 수는 없다고 생각한다. 그렇기 때문에 나 역시 이 책을 통해 "이것이 답이다. 그러니 이렇게 살아라!"라고 이야기하고 싶지는 않다. 그렇게 할 수도 없다. 대신, 나는 어릴 적부터 겪어 온 작은 실패나 어처구니없는 실수, 조그마한 성공 또는 큰 성과를 가감 없이 독자들에게 들려주려고 한다. 내가 지금까지 어떤 일들을 해 왔고 어느 직업을 선택했는지, 의사결정을 내릴 때 무엇을 고민했으며 돌발 상황에는 어떻게 대처했는지 등을 말이다. 독자들은 이 이야기에 자기 삶을 비추어 보고 스스로를 비교하며 생각해 볼 수 있었으면 한다. 그리고 앞으로 나와 같은 실수를 반복하지 않고 보다 올바른 길을 걸었으면 한다.

앞으로 내가 하려는 이야기는 '메시가 들려주는 무회전 킥을 잘하는 법'과 같은 게 아니다. 오히려 제대로 된 슛조차 한번 날리지 못했던 아니, 그런 슛을 날릴 축구공 하나 가지지 못했던 한 청춘이 다른 이의 공을 빌려 이리저리 드리블을 하고 슛을 때리면서 '자신만의 축구 기술'을 익혀 나갔던 좌충우돌 훈련기訓鍊記에 가깝다. 때로 헛발질을 하기도 했고 때로 엉뚱한 곳으로 슛을 날려 부끄럽기도 했지만 이런 경험들이 있었기에 탄탄한 기본기를 갖출 수 있었다. 이 훈련기에는 그동안 내가 열정적으로 했던 일들을 사랑하게 된 과정이 담겨 있다. 극심한 슬럼프에 빠지거나 권태기가 찾아와 헤맸던 시절 이야기도, 그럼에도 불구하고 이를 극복할 수 있었던 원동력에 대해서도 담겨 있다.

모쪼록 독자 여러분께서 너그러운 마음으로 읽어 주시고, 겉으로 읽혀지는 이야기보다 안에 담긴 본질적인 메시지에 더 귀를 기울여 주십사 두 손 모아 기대해 본다. 아무것도 아니었던 내가 지금 이 자리까지 올 수 있었던 이야기가 지금 이 순간에도 세상에 나설 고민을 하고 있는 독자들에게 자그마한 동기 부여가 되고, 그 동기가 결심과 행동으로 이어지기를 바란다. 그렇게만 된다면 노트북을 앞에 두고 밤낮으로 끙끙댔던 나의 노력도 보상을 받은 셈일 것이다. 이 공간을 빌려 늘 내게 든든한 힘이 되고, 지금도 힘이 되어 주는 가족에게 감사를 드린다. 그리고 이 책이 여러분 각자의 목표를 이루는 데 작은 힘이 되었으면 좋겠다.

늘 생각이 실천으로 이어지는
소중한 나의 사무실에서

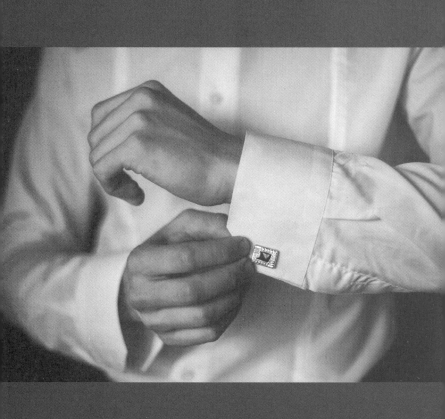

차례

세 번째 이야기

◇◇◇◇

특별하지 않아도 성공할 수 있고, 성공하지 않아도 특별할 수 있다

'아무도 아닌' 사람에서
'아무나가 아닌' 사람으로

아무것도 아니었던 이가,
아무나 되지 못할 이가 되기까지

◇◇◇◇

언젠가 읽었던, 그리스의 시인 호메로스가 지은 《오디세이》에서 다음과 같은 이야기를 본 기억이 있다.

이야기의 주인공 오디세우스는 열두 명의 부하들과 배를 타고 떠돌았다. 그러다, 외눈박이 거인족 키클롭스가 사는 섬에 들르게 되었다.

그곳에서 바다의 신 포세이돈의 아들 폴리페모스가 사

1만 시간 자수성가의 비밀

는 동굴에 갇히고 만다. 부하들은 두려움에 벌벌 떨었지만, 일행 중 대장이었던 오디세우스는 기지를 발휘했다. 자신이 갖고 있던 포도주 중 가장 좋은 포도주를 폴리페모스에게 바친 것이다. 기분이 좋아진 폴리페모스는 포도주를 받아 벌컥벌컥 마시며 이름을 물었다. 그러자 오디세우스는 자신의 이름을 '우티스'라고 했다. 그리스어로 '아무도 아닌'이라는 뜻이었다.

잠시 후 오디세우스는 날카롭게 깎은 말뚝으로, 취해 잠든 폴리페모스의 눈을 찔렀다. 그러고는 부하들을 깨워서 데리고 동굴을 탈출했다. 폴리페모스의 비명을 듣고 동료 거인들이 도와주러 몰려들었다. 먼발치서 그들이 물었다.

"이봐! 도대체 무슨 일이야?"

"어떤 놈이 자네를 공격이라도 한 거야?"

그러자 폴리페모스는 고통스럽게 외쳤다.

"응, '아무도 아니'야!"

그러자 동료 거인들은 물러갔고, 오디세우스는 무사히

탈출할 수 있었다.

어찌 보면 수십 년 전 유행했던 허무 개그의 하나와도

같은 이 이야기. 그러나 그 이야기가 곧 나의 이야기였다.

'우티스', 아무도 아닌 이가 바로 나였다.

지금이야 이런저런 활동과 여러 가지 사업에 힘입어 '정

찬영'이라는 이름을 제법 여러 사람의 기억 속에 남기게 되

었지만 불과 얼마 전만 해도 나는, 정말 '아무도 아닌' 사

람이었다.

대중가요의 가사처럼, '어렸을 적 우리 집은 가난했었

다'. 아버지와 어머니는 두 분 다 무척 좋은 분이었지만,

돈이나 행운과는 거리가 먼 사람들이었다. 열심히는 사셨

지만 매번 뭔가 조금씩 핀트가 어긋났다. 형은 어려운 환

경에서도 착실하게 공부 잘하는 모범생이자 기특한 아들

이었지만, 나는 그저 '속없이 축구나 좋아하던' 막내아들

그 이상도 이하도 아니었다.

뭔가 대단한 것을 이룬 유명한 이들을 살펴보면 어렸을 때부터 삶이 남달랐고, 무언가 반드시 이루고 싶어 하고, 하고 싶은 것이 분명하다는 공통점이 있다. 하지만 이 무렵의 나는 그런 이들의 삶과는 거리가 멀어도 한참 멀었다. 되고 싶은 것도, 하고 싶은 것도, 이루고 싶은 것도 딱히 없었다. 그저 공부는 하기 싫었고 곧잘 하던 것이 축구였던지라, 초등학교 4학년 때부터 중학교 1학년 때까지 학교 대표로 축구 선수 생활을 했다.

그마저도 무언가 해내고야 말겠다는 생각으로 절실하게 매달려서 한 것이 아니었다. 그저 공부보다는 잘할 수 있었고, 숨이 턱까지 차오를 정도로 운동장을 뛸 때면 이런저런 답답하고 복잡한 생각을 하지 않을 수 있었고, 그렇게 뛰다 보면 곧잘 '잘한다'는 소리도 듣곤 하니 선수로 뛰었을 뿐이다.

그렇다고 막 노는 축에도 못 끼었다. 공부에 관심이 없었으니 친구들과 어울려 이리저리 놀러 다니기는 했다. 하지만 타고난 체질상 술을 거의 한 잔도 못 마시는지라 그 무렵 친구들이 그러하듯 객기로 술을 마시고 난리를 피우지도, 술에 취해 호기로운 일을 벌이지도 못했다. 다만 주변에 운동 좋아하고 술 좋아하는 친구들이 제법 있었는데 그들과 어울리면서 세상의 어두운 모습도 제한적이나마 일부 경험했던, 어찌 보면 '아무도 아니다'는 말에 딱 들어맞을 어정쩡한 상태로 어린 시절을 보냈다.

그러나 이제 와서 생각해 보니 그러한 가운데 내 안에서는 뜨거운 무언가가 천천히 쌓여 갔던 듯하다. 나 스스로 느끼지도 못할 만큼 천천히, 그리고 조심스럽게. 그것은 바로 '꿈'이었다. 왜, 무엇에 대한, 어떠한 꿈인지는 나 자신도 명확히 밝히기 어렵지만 이제까지 살던 대로는 살지 않겠다는, 이 세상에 무언가 남다른 일들을 펼쳐 보이고 싶다는 꿈을 꾸기 시작한 것이다.

비록 지금은 반지하방에 살며 때마다 학교에 납부해야

할 돈을 걱정하며 위축돼 살아가는 신세지만 무언가 이제까지와는 다른 삶을 살고 싶다는, 아니 그런 삶을 살 수 있을 거라는 강렬한 의지가 뒤섞인 그런 꿈을 꾸기 시작했다.

그리고 그 꿈은…… 아직 완전하게는 아니지만 어느 정도 이루어졌다.

"넌 도대체 커서 뭐가 되려고 그러냐?"

학창 시절 선생님으로부터 이런 소리를 들었던 내가, 이제는 어엿하게 '성공한 사업가'라는 타이틀을 달고 학교 명예 교사로 초빙되어 교단에 서게 되었다. 주머니에 버스 요금이 없어 장대비를 맞으며 걸어 다니던 내가, 쑥스럽지만, 날마다 주차된 여러 대의 스포츠카와 대형 세단들을 바라보며 '오늘은 어떤 차를 타고 출근할까?'를 고민하게 되었다. 장판을 살짝 들추면 바퀴벌레 수십 마리가 몰려나오던 습하고 비좁은 반지하방에서 살던 내가, 개인 영화관이 있는 큼지막한 집과 내 명의로 된 건물을 갖게 되었다.

이제는 새로운 꿈을 꾸려 한다.

나와 같은 꿈을 꾸는 이들에게 도움을 주는 사람, 꿈은 있으나 그것을 이룰 방법을 아직 모르는 이들에게 필요한 조언을 전해 주는 사람, 꿈을 꾸는 이들에게 부족하나마 최선을 다해 든든한 버팀목이 되어 주는 것을 내 새로운 꿈의 하나로 정하고, 그를 실현하기 위해 다시 한 번 달려 나가려 한다.

当你30岁40岁还没有什么成就的时候,
没有人会可怜你.

(가난하게 태어난 것은 당신의 죄가 아니다) 단, 당신이 30, 40세
가 될 때까지 아무것도 이룬 것이 없다면, 아무도 당신을
동정하지 않을 것이다.

– 마윈马云(1964~ , 중국의 사업가)

바닥이 깊을수록
건물은 높이 올라간다

◇◇◇◇

꽤 오래전 베스트셀러가 됐던 《아프니까 청춘이다》라는 책이 있다. 한때는 나도 그 책의 제목이 꽤 그럴듯하다고 생각했다. 아니, 정말 멋지다고 여긴 적도 있다. 나중에 혹시라도 내 이름으로 책을 내게 된다면 (그 시기가 이렇게 빨리 올 줄은 몰랐지만) 그와 비슷한 제목을 붙여야겠다고 마음먹었을 만큼 꽤 근사하다는 생각을 했다.

하지만 정말로 '아팠던' 나의 젊은 시절을 돌이켜 보면 차마 그런 제목은 붙이지 못할 것 같다. 아니, '진짜 아픈' 지금의 젊은이들을 생각해서라도 그런 제목을 붙여서는 안 될 것 같다.

나의 젊은 시절은 '아프니까 청춘이다'라는 낭만적인 문구로 포장하기에는 너무나도 아프고 처절한 시간이었다. 아프고 처절했던 이유의 거의 전부라고 할 수 있는 것의 정체는 어릴 때부터 내 주위에 맴돌던 '가난'이었다. 지금이야 쓰리고 아린 '추억'쯤으로 넘길 수 있는 정도가 되었지만, 나의 어린 시절에는 다시 기억하고 싶지 않을 만큼 삶의 구석구석에 지독한 가난이 배어 있었다.

가난과 관련해 잊고 싶지만 도저히 잊을 수 없는 일이 하나 있다. 아마도 중학교 1학년 방학 때로 기억한다. 부모님과 형, 모두 나가 텅 빈 집에 혼자 있는데 전화벨이 울렸다. 어머니의 전화였다. 어머니는 다급한 목소리로 이렇게 말씀하시고 끊었다.

"찬영아, 누가 찾아와서 문 열어 달라 그래도 절대 열어 줘서는 안 돼. 알았지?"

너무나 다급하고 절박한 목소리에 '왜 그래야 하는지'를 묻지도 못했다. 어린 나이였는데도 우리 집에 뭔가 문제가 생겼음을, 그리고 그 문제에 대해 묻고 따지기 위해 누군 가 우리 집에 찾아올 것임을 직감했다. 그 사람이 빚쟁이 건, 누구건……. 나는 서둘러 내가 잠글 수 있는 우리 집의 모든 출입구와 창문을 틀어막기 시작했다. 그때였다.

"쿵, 쿵, 쿵."

누군가 문을 두드리는 소리가 들렸다. 물론 어머니가 '절대 문 열어 주지 말라'고 했던 그 '누군가'일 수도 있지만 우편물을 전해 주러 온 집배원일 수도, 볼일이 있어 방문 한 이웃집 아저씨일 수도 있었다. 그러나 그 당시의 나는 이것저것 따질 상황이 아니었다. 집에 아무도 없는 것처럼 보이기 위해 조용히 숨을 죽였다. 그날, 그 순간 나는 우리 집 안에 있으면서도 '완벽하게 없는 존재'이고자 했고, 실 제로 '완벽하게 존재하지 않는 존재'였다.

그런데 뜻밖의 문제가 있었다. 당시 우리 집은 반지하였다. 골목길로 나 있는 창문을 통해 마음먹고 들여다보면 안에 누가 있는지를 훤히 살펴볼 수 있는 구조였다. 갑자기 거기까지 생각이 미친 나는 발소리가 나지 않게 살금살금 걸어 현관 앞으로 갔다. 그러고는 신발장 앞에 쪼그리고 앉았다. 반지하방에서 유일하게 그곳만이 창밖에서 잘 들여다보이지 않는 곳이었다. 그사이에도 문을 두드리는 소리는 간헐적으로 이어졌다. 나는 어두운 현관, 신발장 앞에서 침묵 속으로 침잠해 들어갔다.

그날, 어두컴컴한 방 안에서 신발장에 기대, 우리 집을 찾아온 그 '누군가'와 끝날 것 같지 않은 숨바꼭질을 오래도록 해야만 했다. 내게 '가난이 가져다줄 수 있는 불안함의 쓴맛'을 제대로 맛보게 해 준 날이었다.

한번 밀려온 아픈 가난의 물결은 시간이 지나도 멈추지 않았다. 아니, 오히려 더 파고를 높여 가며 엄마와 우리 형제, 식구의 삶을 후려치고 들어 엎었다가 쓸어 냈다.

고등학교 1학년 수학여행을 갈 무렵이었다. 학창 시절에 대해 그다지 좋은 기억이 있지 않은 이들이라도 수학여행만큼은 즐거운 추억으로 간직하는 경우가 많은데, 불행히도 나는 그러지 못했다. 지금이야 적게는 수십만 원에서 많게는 수백만 원이 넘는 돈을 경비로 거둬 일본 오사카, 중국 베이징 등 외국으로 수학여행을 떠나는 경우도 많다. 하지만 내가 고등학교 다닐 때는 그 정도까지는 아니었고 약간의 경비를 거둬 경주나 여수, 혹은 제주도로 3박 4일 다녀오는 수준이었다. 그런데 그 '약간의 경비'를 낼 돈이 우리 집에는 없었다. 함께 어울려 운동하던 친구들이나 반에서 친하게 지내던 친구들이 수학여행을 가서 뭘 할지 계획을 세우느라 요란을 떨 때, 나는 잠자코 있을 수밖에 없었다.

"요즘 세상에 돈이 없어 수학여행을 못 가는 사람이 어디 있어?"

있었다. 바로 나였다.

'수학여행 안 가는 사람'을 묻는 선생님의 질문에 반에서 나 혼자만 손을 들 때의 그 느낌을 잊지 못한다. 반 아이들의 어색한 침묵과 호기심 어린 시선, 선생님의 귀찮아하는 표정, 삭막한 공기가 만들어 내는 그 냄새, 어울리지 않게 창으로 비쳐 드는 찬란한 햇빛. '여행 따위 가기 귀찮다'는 듯한 표정을 지으며 아무렇지 않은 척 손을 들었지만 속으로는 펑펑 울고 있었다.

　심지어 대한민국 국민이라면 다들 당연하다는 듯 갖고 있고 그 혜택을 보고 있는 의료 보험에도 당시의 나는 해당 사항이 없었다. 지금도 이 얘기를 하면 "그래요? 의료 보험은 모든 국민이 당연하게 가입하고 혜택을 받는 거 아니에요?"라고 되물으며 믿지 못하겠다는 표정을 짓는 이들이 많은데, 진짜로 당시 우리 집은 의료 보험에 가입되어 있지 않았다. 그러던 어느 날 몸이 너무 아파서 병원에 가야 할 일이 생겼다. 그러나 병원비도 의료 보험도 없는 내게 병원은, 어린아이들이 '가기 싫다'고 칭얼거리는 것이

'있는 집 아이들의 투정'으로 보일 만큼 '가고 싶지만 갈 수 없는' 곳이었다. 그러나 '궁하면 통한다' 했던가, 다행히 친구 중 한 명이 나와 주민등록번호 뒷자리가 똑같았다. 생일만 다른 친구로부터 의료 보험증을 빌리고, 당시 사정이 있어 집을 떠나 있던 어머니에게 연락해 1만 원을 보내 달라고 해, 그 돈으로 가까스로 진료를 받을 수 있었다.

그렇게 가난은 내게 늘 가까이 있었고, 무척이나 익숙한 존재였다. 그래서 한때는 '가난'이 내가 생각할 수 있는 문제의 모든 것이던 때가 있었다. 그 당시 엄마와 아빠 사이가 틀어지게 된 것과, 가족이 뿔뿔이 흩어져 살 수밖에 없게 된 것 그리고 내가 그토록 하고 싶던, 그리고 꽤 잘하던 운동을 더 이상 계속할 수 없게 된 것도 모두 가난 때문이라는 생각이 들었다. 하지만 그런 생각에 계속 머물러 있었다면 지금까지도 나는 아무것도 할 수 없었을 테고, 아무것도 가질 수 없었으며, 아무것도 이루지 못했을 것이다. 더 결정적인 것은 여전히 그 모습 그대로 살면서 오로지 '가난'만을 탓하고 있을 것이다.

그러나 스무 살 젊음이 내게 찾아올 무렵 또 다른 생각이 들기 시작했다. '가난'이 내 인생 모든 문제의 시작이었던 것처럼, 또 '가난'이 그러한 모든 문제의 해법이 될 수도 있겠다는. 어찌 보면 말장난과도 같은 이런 생각을 하게 된 것은 어느 날 우연히 한 건물 신축 공사장을 지나다가 본 모습 때문이었다. 늘 지나다니던 공사장이었는데, 공사장 가림막 너머로 보이는 현장의 구덩이가 눈에 띄었다. 인근의 다른 공사장에 비해 유독 넓고 깊은 구덩이였다. 까마득한 밑이 보이지도 않을 정도로 깊은. 공연히 궁금증이 생겨 곁에서 작업을 하시던 인부 아저씨에게 물었다.

"어르신, 이 공사장은 유독 땅을 깊게 팠네요?"

그러자 가다아시바(건축 현장에서 작업을 위해 건물 외벽에 세우는 가설물을 일컫는 속어)용 파이프를 나르던 인부 아저씨가

별걸 다 묻는다는 표정으로 무뚝뚝하게 대답했다.

"당연하지. 이 동네에서 제일 높이 올라갈 건물이니까."

순간, 망치로 머리를 얻어맞은 듯 띵했다.

'높이 올라갈 건물이기에 땅을 깊게 파야 한다'는 단순한 대답. 그러나 당시의 내 상황에 빗대어 보면 달리 생각할 것이 많은 대답이었다. 비록 지금은 다른 누구와 비교할 수 없을 정도로 더 깊은 바닥으로 떨어져 버린 내 가난한 신세도 생각을 달리해서 보면 더 높은 곳으로의 성장, 더 커다란 성공을 이뤄 내기 위한 기초 공사, 터 파기일 수도 있겠다는 생각이 들었다.

물론 그런 생각 하나로 긍정적인 마음, 밝은 용기를 얻을 만큼 내 상황이 녹록하지는 않았지만 분명 뭔가, 절실하게 뭔가를 이뤄 낼 수도 있겠다는 희망을 갖기 시작한 시기였다.

天將降大任於是人也, 必先苦其心志,
勞其筋骨, 餓其體膚空乏其身, 行拂亂其
所為所以動心忍性, 曾益其所不能.

하늘이 어떤 사람에게 장차 큰일을 할 수 있는 중책을
맡기려면 반드시 먼저 그 마음을 괴롭게 만들고, 그 살
을 다 빠지게 하고, 먹을 것과 입을 것을 아쉽게 하고,
그래서 지치게 하며, 그가 하는 일 중에서 되는 일은 하
나도 없이 자꾸 그르치게 한다.

그렇게 하는 까닭은 그 마음을 움직이고, 천성을 끈질
기게 하여 그전에 해내지 못했던 것들을 해내도록 하기
위함이니라.

– 《맹자孟子》 제6편 〈고자장구하告子章句下〉 15장에서

열아홉, 작은 성공 속에 숨겨진
'사장병'이라는 독을 마시다

◇◇◇◇

부—웅, 쿵!

엄청난 굉음과 함께 몸이 하늘로 붕 떴다가 가라앉는 느낌이 났다. 아니, 가라앉는다기보다 아스팔트의 늪 속으로 빨려 들어가며 몸이 산산조각이 나는 느낌이었다. 목이 말랐다. 아니, 목에서 무언가 쉴 새 없이 흘러나오는 느낌이 났다. 몸을 일으켜 바로잡아 보려 했지만 내 몸 어느 곳도 내 말을 듣지 않았다. 사람들이 몰려들었고 '나를 좀 도와 달라' 말을 하고 싶었지만, 아스팔트의 늪으로 빨려 들어가며 반쯤 갈려 버린 얼굴로는 어떤 표정도 지을 수 없었다.

당시에 나는 돈을 벌기 위해 오토바이를 몰고 신문 배달을 했다. 내 생계의 수단이던 오토바이가 그날은 내 생명줄을 옭아매는 덫이 되어 나를 덮친 것이었다. 대형 사고였다. 지금도 그 흉이 남아 있다. 목에 커다란 상처가 남았고, 정강이 뼈가 다 드러나서 남은 살을 당겨서 덮어 꿰매야 했다. 덕분에(?) 나는 지금도 양반다리를 하고 앉을 수가 없다. 이 정도의 대형 사고였으니, 사고 당시에는 모든 사람이 다 내가 죽을 줄 알았다고 한다. 그런데도 이미 이야기한 것처럼 병원에 입원할 형편이 아니었다. 많은 사람이 "돈이 대수냐? 사람이 살아야지"라고 너무나 쉽게 말하지만, 간혹 돈이 대수여서 살 사람이 죽는 일도 일어나는 것이 우리가 사는 세상의 현실이다. 그때의 내가 그랬다.

요행히 아버지의 친구분이 수원에 위치한 병원에서 의

사로 근무하고 있었는데, 그 병원으로 옮겨서 계속 치료를 받을 수 있었다. 더 행운이었던 것은 부모님이 인심을 잃지 않으신 덕분에, 부모님의 친구분들이 십시일반 병원비를 도와주셔서 무려 1년이라는 기간 동안 치료를 이어 갈 수 있었다. 그러나 무엇보다도 내가 입원한 병원 인근에서 1년 동안 파출부로 일하며 내 간호를 도맡은 어머니의 정성이 그때의 나를 살렸다.

고등학생이 되어서도 여전히 우리 집은 가난했다. 그냥 '가난하다'라는 말만으로는 그때의 내 상황을 반의 반도 설명하기 어려울 정도로 지독하게 가난했다. 지긋지긋한 현실을 벗어나기 위해 돈을 벌고 싶다는 마음이 가득했지만 배운 것, 가진 것, 무엇 하나 넉넉한 것이 없던 가난한 고등학생이 할 만한 일은 많지 않았다. 어렵게 찾은 일자리가 피자집 아르바이트였다. 노부부가 운영하는 '니꼴 피자'라는 가게에서 일하게 되었는데, 동네 어귀에 자리한 크지 않은 가게였다. 내가 맡은 일은 주방 보조부터 배달까지 주인이 시키는 일이라면 무엇이든지 하는 것이었다. 그중에서도 주로 한 일은 오토바이 배달이었다. 많은 이들이 길에서 혹은 자신의 집 현관에서 마주친 '피자 배달부', 그것이 내 직업이었다. 내 목숨을 가져갈 뻔한 존재였는데도 생계를 위해 나는 또다시 오토바이 안장에 몸을 실어야 했다.

그렇게 3년이 지나 고등학교 3학년. 다른 친구들은 대학 입시를 준비하는 수험생이라는 계급장을 달고 한창 온집안 식구들의 관심과 배려, 사랑과 응원을 듬뿍 받으며 공부에만 관심을 쏟을 때, 나는 살아남는 것, 살아가는 것에 허덕여야 했다.

피자 배달은 보기에는 쉽지만 그다지 녹록지 않은 일이었다. 전 세계에서 가장 탁월한 배달 서비스를 체험한 소비자들은, 자신의 과거 경험에 비해 단 몇 분이라도 늦게 배달이 되면 그를 받아들이지 않았다. 그 당시 피자업계는 30분 이상 걸리면 반값 할인을 한다는 데가 있을 정도로 속도 경쟁이 한창이었다. 땀 뻘뻘 흘리며 기껏 배달한 내 앞에 피자 박스를 던져 놓으며 "다 식어 빠진 걸 먹으란 말이냐? 주문 취소할 테니 도로 가져가라!"며 욕설을 퍼붓기 일쑤였다.

그럼에도 나는 최선을 다했다. 다른 배달원들은 배달을 마치면 주인의 눈을 피해 친구들이 일하는 가게에 가서 농땡이를 부리거나 어딘가 몰래 틀어박혀서 담배를 피우는 것이 일이었다.

그러나 나는 한번 배달을 나가면 다음 배달 콜을 받기 전까지 남는 시간 동안 동네에 전단지를 붙이고 다녔다. 그냥 아무 데나 막 붙이는 것이 아니었다. 아무리 전단지를 붙여도 피자를 구매할 만한 계층 자체가 거주하지 않거나, 다른 경쟁 업체 점포가 내가 일하던 가게보다 훨씬 더 가까이 위치해서 배달 속도가 비교가 안 되는 지역이 있었다. 그런 지역은 과감히 포기하고, 그 대신 주된 고객층이 거주하는 지역이나 다른 경쟁 가게가 있기는 하지만 충분히 우리 가게에서 빼앗아 올 수 있을 만한 지역을 중심으로 전단지를 붙여 나갔다. 유독 배달시키는 손님이 많은 화곡동의 특정 지역이 있었는데 이 지역에 집중적으로 전단지를 붙였다. 모든 것이 내 전단지 덕분은 아니겠지만, 효과는 금세 나타났다. 내가 일하는 피자집의 매출이 눈에 뜨일 정도로 늘어나기 시작했다.

그러나 호사다마라고 했던가? 매출이 본격적으로 오를 무렵 피자집 주인 부부가 자녀가 있는 미국으로 급히 떠나게 되었다. 일에 재미를 붙이고 가게에서도 막 인정받기 시작했는데, 하루아침에 실업자 신세가 될 상황에 놓였다.

그러나 기회는 멀지 않은 곳에서 찾아왔다. 평상시 내 일하는 모습과 태도를 눈여겨봤던 피자집 주인이 매달 건물주에게 내는 임대료를 대신 내고 그 임대료만큼 본인에게도 300만 원을 주는 조건으로 가게 운영을 내게 넘기겠다는 것이었다. 불과 며칠 전만 해도 배달원 자리에서 실직할 운명이었던 내가 이른바 내 가게를 갖게 된 것이다.

'월월세'를 내야 하는 가게이기는 했지만 뭔지 모를 자신이 있었다.

세상을 다 가진 듯했다. 이제 돈을 벌 일만 남은 듯했다. 실제로 장사가 잘됐다. 나이 든 주인이 하던 방식을 버리고 젊은 감각으로 새로운 시도, 새로운 서비스를 접목하며 패기만만하게 장사를 펼쳐 나갔다. 이대로라면 얼마 안가 2호점, 3호점을 내서 '피자집 주인'이 아니라, '피자 업체 사장님'이 될 수도 있을 것 같았다.

그러나 그때는 몰랐다. 이른바 내가 '사장병'에 걸리기 시작했다는 것을.

나중에 다시 이야기할 기회가 있겠지만 장사나 사업을 시작하는 사람이 걸리기 쉬운, 그래서 가장 조심해야 할 것 중에 하나가 '사장병'이다. 사장병은 여러 가지 형태로 나타난다. 작은 성공에 도취되어 대단한 성공을 거두기라도 한 것처럼 으스대거나, '이런 것까지 사장이 해야 해?'라며 직접 챙겨야 할 것을 종업원 또는 다른 사람에게 맡기거나, 수중에 돈이 들어오면 '까짓것 더 벌면 되지!'라며 흥청망청 써 버리거나……. 그 모습은 달라도 어찌 됐든 걸리는 순간 몰락의 나락으로 떨어지고 마는 치명적인 질병이 바로 사장병이다.

바로 내가 그 사장병에 걸리고 말았다. 그 당시는 휴대용 카드 단말기가 없던 시대였다. 따라서 배달 음식은 현금으로 결제해야 했다. 하루 영업을 마치고 정산을 하면 제법 많은 현금이 수중에 들어왔다. 문제는 그 현금이 내 돈이 아니라는 것을 간과했다는 것이다. 그 당시 나는 장부를 쓰는 법도 몰랐을뿐더러 매입과 매출을 비교할 줄도 몰랐다. 가게 임대료나 아르바이트 학생 임금, 그리고 재료비 등을 월말 또는 격주로 정산했는데 그때 목돈을 지불하려면 날마다 들어온 수입을 정확히 정산해서 나갈 돈과 쓸 돈 그리고 모아 놓을 돈으로 잘 배분해서 관리해야 했다. 그런데 가게 운영에 경험이 전혀 없는 자가 사장병에 걸렸으니 그 무렵의 나는 그야말로 기본적인 것도 하지 못했다.

냉장고 속에 재료 재고가 얼마나 남았는지, 추가로 매입해야 할 재료가 무엇이고 얼마만큼인지, 그것들을 얼마에 구입해야 하는지, 그에 따라 피자 하나당 원가 계산을 어떻게 해야 하는지, 부가세는 어떻게 계산해서 얼마로 산정해야 할지, 지금이라면 당연하게 챙기고 따졌을 것들을 그때는 몰랐다.

　　사장이라면 당연히 신경 써야 할 사람 관리 또한 그때는 제대로 신경 쓰지 못했다. 아무래도 초보 장사꾼인 만큼 믿을 만한 사람을 쓰는 것이 좋겠다는 생각에 친구를 직원으로 고용했는데, 이 친구는 내가 볼 때와 그러지 않을 때가 너무 크게 차이가 났다. '친구가 사장인데'라는 생각으로 광고 전단지를 돌리려고 고용한 아르바이트 아주머니와 가게에서 언성을 높이며 싸우는가 하면, 한창 바쁜 주말에 무단으로 결근하는 일도 있었다. 심지어는 나중에 다른 아르바이트생에게서 "친구분께서 주방에서 담배를 물고 피자를 만들었어요"라는 이야기를 들어야 했다. 그럼에도 나는 단호하게 관리를 하지 못했다.

나는 현금이 들어오는 족족 이곳저곳에 돈을 써 댔다. 돈을 많이 쓰니 주변에서 친하지 않은 친구들까지 자주 가게에 찾아들기 시작했고, 사장이라는 타이틀에 취해 지금 생각하면 면치레를 한다고 돈을 흥청망청 썼다. 사장병의 후유증이 현실로 찾아온 것은 사장이 된 지 불과 얼마 안 됐을 때였다. 분명 장사는 제법 되는데, 지불해야 할 곳에 지불할 돈이 없었고, 빚은 늘어만 갔다. 점점 장사도 안 되더니 결국 3개월 만에 피자집 문을 닫고 말았다.

내가 돈을 쓸 때 어울리던 많은 친구들은 어느새 사라지고 수중에는 밥값 몇 만 원과 갚아야 할 약 800만 원의 빚만 남았다.

다만 지금 와서 생각해 보면 이때 얻은 것이 장부의 중요성과 부가세에 대한 개념이었다.

There are no secrets to success.
It is the result of preparation,
hard work, and learning from failure.

성공의 비결이란 것은 없다. 준비와 고된 노력,
그리고 실패로부터 배운 결과일 뿐이다.

- 콜린 파월Colin Luther Powell(1937~ , 전 미국 국무부 장관)

1만 시간 자수성가의 비밀

'무슨 일을 하는가'보다
'어떻게 일을 하는가'가 중요하다

◇◇◇◇

'800만 원의 빚.'

지금 생각해 보면 내가 그 '푼돈' 때문에 한때 극단적인 생각까지 했다는 것이 참 어이없기도 하지만, 그때만 하더라도 나에게 800만 원은 800억 원보다 더 큰돈이었다.

가장 무서웠던 것은 '전화벨 소리'였다. 가만히 있다가도 어디선가 전화벨 소리가 들려오면 본능적으로 움츠러들었다. 그 무렵 내게 걸려 오는 전화는 '단 두 종류'였다. 일반인들이라면 평생토록 듣기 힘든 험한 욕설이 섞인 빚 독촉 전화와 합법인지 불법인지 알 수 없는 곳에서 '사채 수준의 터무니없는 이자로' 급전을 쓰지 않겠냐고 은밀하게 권유해 오는 전화. 그 어느 전화도 나를 위한, 내가 감내할 수 있는 것이 아니었다. 당시 내가 얼마나 고민을 했던지 머리를 감으면 한 줌씩 머리털이 빠질 지경이었다. 이제 막 스무 살이 된 나는 감당하지 못할 빚에 원형탈모까지 떠안게 되었다.

어떻게 해서든지 빚을 갚아야 했다. 할 수 있는 일은 무조건 다 했다. 전기 공사를 하는 현장에 나가서 속칭 '노가다' 일을 했다. 경마장에 일과 돈이 몰린다는 소문을 듣고 그곳에 가서 경주 예상지를 파는 일을 하기도 했다. 일거리가 있다면 지방도 마다하지 않았다. 천안에 위치한 모 골프장에서 손님들의 차량을 발레파킹하고 로커 룸을 정리하고 청소하는 일도 몇 달간 했다.

그러던 어느 날이었다. 유흥가에 위치한, 24시간 문을 여는 김밥집에서 친구와 함께 늦은 끼니를 때우고 있을 때였다. 문이 열리더니 등짐을 잔뜩 짊어진 젊은이가 식당으로 들어서는 것이 보였다. 그는 테이블마다 돌아다니면서 뭔가 물건을 팔기 시작했다. 쭈뼛거리며 물건을 파는 모습은 지켜보는 내가 다 불안해질 정도였다. 결국 한 개도 팔지 못한 채 내가 김밥을 먹고 있는 테이블까지 찾아왔다.

"저…… 죄송한데…… 복조리 좀 사 주시면 안 돼요?"

도저히 사 줄 수가 없었다. '5000원'이라는 복조리의 가격 자체가 당시의 내게 허투루 쓰기 힘든 돈이라서도 그랬지만, 물건을 파는 그의 태도가 더 문제였다. 초보 장사꾼들이나 사업가들이 많이 오해하는 건데, 장사나 사업은 구걸이 아니다. 내가 경쟁력 있는 제품과 서비스를 준비했으면 상대방에게 자신 있게 내가 가진 것을 내보이고, 그에 합당한 대가를 당당하게 요구하는 것이 거래의 기본이다. 인간적으로 겸손한 것과 내가 파는 제품이나 서비스에 자신이 없는 것은 본질적으로 다른 문제이다.

그날 내 앞에 복조리를 들고 서 있던 젊은이는 복조리를 파는 것이 아니라 내 선의와 동정심에 기대어 구걸을 하고 있는 것이었다. 그는 상대 고객에게 어떻게 말해야 하는지도 몰랐고, 심지어 자신이 물건을 파는 행위를 창피해하고 있었다.

하나만 사 달라는 것을 거절하고 김밥을 마저 먹으려는데 갑자기 한 가지 생각이 뇌리를 스치고 지나갔다.

'만일 저 복조리를 내가 판다면……?'

순간, 들었던 수저를 그대로 내려놓고 집으로 뛰어갔다. 그 길지 않은 시간 동안에도 빚 독촉 전화가 몇 통이나 쏟아졌다. 그러나 내 머릿속에는 다른 아무 생각도 없었고, 눈앞에 아무것도 보이지 않았다. '저 복조리를 내가 판다면'이라는 물음에 대해 무수한 답들만 떠오를 뿐이었다.

집에 도착하자마자 컴퓨터를 켜고 소소한 기념품이나 수입 잡화류 등을 도매로 구매할 수 있는 '나까마仲間(중개상이라는 뜻의 일본어)'라는 이름의 웹사이트를 검색해 보았다. 1000개 이상 구매하는 조건으로 개당 250원에 납품해 줄 수 있다는 판매자가 눈에 띄었다. 25만 원 정도라면 어떻게 융통해 볼 수 있을 것 같았다. 일단 주문을 넣었다.

다음으로는 '어떻게 팔지'를 고민해야 했다. 단 몇 초의 짧은 시간 만에, 상표도 제조자 표시도 붙지 않은 중국산 복조리에 대해 고객이 신뢰할 리 만무했다. 제품에 대한 신뢰를 주지 못한다면, 제품을 판매하는 사람에 대한 신뢰라도 형성해야 거래가 이뤄질 터였다. 방에 걸려 있는 형의 대학교 과잠(과 동기들끼리 맞춰 입는 단체 점퍼)이 눈에 들어왔다.

'학생!'

예나 지금이나 우리나라 사람에게 '배우는 사람學生'은 가장 믿을 만한 혹은 순수한 사람이었다. 정직한 행동은 아니라는 생각에 잠깐 죄책감은 들었지만, 이내 '배부른 생각'이라며 고개를 가로저으며 형의 과잠을 걸쳐 입고 대학생 상인으로 변신했다.

준비는 거기서 끝이 아니었다. 고민은 계속 이어졌다.

'복조리, 복조리…… 어떻게 하면 복조리를 더 많이 팔 수 있을까?'

그때 단어 하나가 머릿속에 떠올랐다.

'본질.'

'복조리의 본질이 무엇일까?'라는 데까지 생각이 미쳤다. 대나무를 가늘게 쪼개 엮어 만든 조리는 원래 물에 불린 쌀을 일어 쌀겨 등과 같은 불순물을 걸러 내던 주방용 기구였다. 그랬던 것이 '쌀을 일어 올리듯' 재물을 불러일으키고 복을 담아 올리라는 의미로, 설날이나 섣달 그믐날 선물로 주거나 집집마다 벽에 걸어 두기 시작하면서 선물 또는 장식품으로 다뤄지는 물건이 되었다. 복조리의 본질, 사람들이 복조리를 사거나 선물하는 본질은 '복福', 그중에서도 '재물'에 대한 복이 있었으면 하는 바람이었다. 그리고 그 본질에 가장 부합되는 것은?

"그래! 로또다, 로또야!"

그길로 복권 전문점에 가서 로또 수십 장을 구매했다. 그러고는 복조리 하나당 로또 한 장씩 일일이 스테이플러로 붙였다. 이로써 '나만의 복조리'가 탄생했다.

이제 마지막으로 '누구에게 팔지'를 고민했다. 온갖 동네의 수많은 가게들을 둘러보며 어떤 손님들의 지갑이 가장 헐겁게 열리는지를 관찰했다. 동네에 오랫동안 터를 잡고 장사해 오신, 세탁소 등을 경영하는 나이 지긋한 상인분들이 의외로 복조리를 한두 개씩 잘 사 주셨다. 그러나 그 정도로는 부족했다. 나에겐 더 많은 돈이 필요했고, 당연히 더 큰 판매처가 필요했다. 그런 내 머릿속에 유흥가의 수많은 식당과 술집들이 주요한 판매 타깃으로 떠올랐다. 며칠 동안 면밀하게 살핀 결과 젊은이들보다는 연배가 어느 정도 있는 분들이 조금 더 호의적이었다. 특히 분위기가 제대로만 조성되면 남녀 혼성인 단체 손님들이 앉아 있는 테이블에서 한두 개 정도는 어렵지 않게 팔 수 있었다.

"어머, 학생인 것 같은데 하나 사 줍시다!"

이렇게 여성분들이 적절하게 추임새를 넣어 주시면 남성분들이 기꺼이 복조리를 구매해 주었다. 잘생긴 것까지는 모르겠지만, 나름 친밀감을 느끼게 하는 외모와 공손하면서도 유쾌한 나의 태도 역시 복조리 판매에 도움이 되었다.

"복 받고 로또 1등 되세요!"

"뉴스 같은 것에서 한번쯤 보셨겠지만 우연히 수중에 들어온 로또가 1등에 당첨될 가능성이 더 높답니다!"

형의 과잠을 입은 나의 밝고 당당한 '인사와 립 서비스'에 로또까지 붙인 나의 '제품'은 특별했기에 나는 개당 1만 원에 복조리를 팔았다.

다른 아르바이트 학생들은 여전히 굽신거리며 5000원에 복조리를 사 달라며 모든 식당과 테이블을 돌면서도 밤새 두세 개도 채 팔지 못할 때, 나는 당당하게 가지고 나간 복조리를 모두 팔 수 있었다. 그렇게 12일 만에 준비한

복조리 1000개를 모두 팔 수 있었고, 스무 살의 내게 주홍
글씨 형벌처럼 새겨져 있던 '800만 원'의 빚을 단숨에 갚을
수 있었다. 물론 그 당시 본질이라는 개념에 집중했다기보
다는 어떻게 해야 더 많이 팔 수 있을지를 고민한 끝에 심
리를 이용하자고 생각했다. 다시 생각해 보면 작은 가게를
운영하는 사장님들은 나이대가 내 또래 되는 자식들이 한
두 명 있을 시기여서 자식 생각에 한두 개씩 사 주신 듯하
다. 내리사랑, 이것은 변하지 않는 인간의 본질 중 하나다.

We must take risks today to learn lessons for tomorrow.
We're early in our learning and many things we try won't work, but we'll listen and learn and keep improving.

우리는 내일을 위한 교훈을 얻기 위해 지금 위험을 감수해야 한다.
시작한 단계에서 많은 도전이 실패할지라도 계속해서 듣고 배우고 발전해 나갈 것이다.

- 마크 저커버그Mark Elliot Zuckerberg(1984~ , 페이스북 창업자이자 CEO)

군대에서
인생의 밥을 짓다

◇◇◇◇

"피할 수 없으면 즐겨라"라는 말이 있다. 피할 수 없는 일이라면 차라리 그것을 좋아하고, 즐기는 척하는 것이 훨씬 더 수월하게 인생을 사는 지혜라는 의미에서 한 말인 듯하다. 또 누군가는 내게 이런 말을 해 주었다.

"군대만큼은 즐길 수 없으니, 피할 수 있으면 피해라."

군대 갈 나이가 된 나를 놀리려고 한 우스갯소리였지만, 내게는 농담으로 들리지가 않았다. 이미 젊은 나이에 돈 없는 설움도 절실하게 느껴 보았고, 크지는 않지만 제법 목돈도 만져 본지라, 한시라도 빨리 사회에서 자리 잡고 돈을 벌어야겠다는 생각에 마음이 급했다. 게다가 당시의 집안 사정 역시 나 한 사람이라도 더 벌어서 보태야 했다.

하지만 그렇다고 나라에서 부여한 국방의 의무를 저버릴 수도 없었다. 요즘이야 여러 가지 특기병 제도도 있고, 가사 형편에 따라 이래저래 알아보면 다양한 방법으로 여러 가지 혜택을 받을 수도 있지만, 당시의 나는 그런 것들을 살펴서 찾아 먹을 만큼 여유가 있지도, 도움을 줄 만한 능력을 가진 어른들이 주변에 있지도 않았다. 그저 부르는 대로 입대해서 꼬박 복무 기간을 채우고 나오는 도리밖에 없었다.

훈련 기간을 마치고 내가 배치받은 부대는 가평에 자리한 수도기계화보병사단, 일명 '맹호부대'였다.

처음 자대 배치를 받았을 때 내 보직은 운전병이었다. 사실 그때의 나는 조금은 문제가 있는 청년이었다. 마치

질풍노도의 시기를 겪는 청소년처럼 왠지 모를 분노와 불안감에 쉬이 흥분하고 동료 병사들과 트러블이 생기면 과격해지기 십상이었다. 군대 생활에 잘 적응하지 못하고 선임들과 트러블도 좀 있다 보니 간부들로부터 관심사병 취급을 받았다.

대장의 운전병이었지만 욱하는 성격 때문에 사고를 낼 수 있겠다는 간부들의 판단에 따라, 결국 얼마 가지 않아 피자집 주방에서 일한 경력과 칼질을 잘한다고 해서 취사병으로 보직이 변경되었다.

취사병은 부대원의 삼시 세끼 식사를 전담해서 지어야 하는 보직이다. 뙤약볕이나 엄동설한에 이뤄지는 힘겨운 훈련에서 열외가 된다는 장점도 있으나, 그 대신 군대에서는 하루 한끼라도 밥을 먹지 않는 때가 없으니 눈이 오나 비가 오나 정해진 때, 정해진 시간, 정해진 식단으로 밥을 지어 내야 했다.

다행히 취사병으로 보직이 변경된 뒤에는 큰 이슈가 없

었다. 상병 때부터는 이른바 '생활이 풀려' 적당히 일하고, 적당히 풀어져서, 적당히 살아가는 '땡보(편히 일할 수 있는 좋은 보직을 일컫는 '땡보직'의 준말)' 생활의 연속이었다. 그렇게 밥하고 TV를 보거나 잠을 자다 전역하면 될 것 같았다.

반복되는 일상을 보내던 어느 날, 우연히 영화 한 편을 보게 되었다. 주말에 저녁 식사 후 부대 간부가 함께 보자며 내무반(현재의 생활관)에 빔 프로젝터와 스크린을 설치해서 영화 한 편을 틀어 주었다. 윌 스미스Will Smith가 주연한 〈행복을 찾아서〉라는 영화였다. 영화의 내용은 크리스 가드너라는 실존 인물이 어려운 난관을 극복하고 증권 매매인으로 성공을 거두는 해피엔딩이었다. 그러나 결론이 그렇다는 것이지, 러닝 타임의 80~90퍼센트는 그가 하는 일마다 번번이 실패해서 좌절을 겪으며 빚에 시달리다 부부간에 불화를 겪고, 이리저리 떠돌다 어린 아들을 데리고 지하철역 공중화장실에서 노숙까지 하는 등의 어려움을 겪는 내용이었다.

성공 신화 영화이기도 하면서 한 편의 다큐멘터리 같은 영화였다. 영화가 끝나고 미래에 대한 두려움과 동시에 나 또한 성공할 수 있다는 동기 부여가 되었다.

우리가 살면서 어떠한 결정을 내리고 새로운 무언가에 도전하게 만드는 계기에는 두 가지가 있는데, 삶을 어떠한 방식으로 '살고 싶다'는 욕구와 어떤 식으로는 '살기 싫다'는 욕구가 그것이다. 많은 경우 '어떠한 일을 하면서 어떤 식으로 살고 싶다'는 생각이 우리 삶의 많은 부분에 영향을 미치지만, 때로는 '그런 식으로는 살기 싫다'는 생각이 더 큰 다짐과 의지를 가져다주기도 한다. 그때의 내가 딱 그러한 상황이었다.

영화를 본 뒤, 취사에 지쳐 아무런 의지도 열정도 없이 내무반에 드러누워 잠을 자는 것도 아니고 그렇다고 열심히 TV를 시청하는 것도 아닌 그냥 널브러진 상태로 시간을 보내는 동료들을 보면서, 나 역시 저런 식으로 남은 군 생활을 보낼 수는 없다는 생각이 들었다. 보통 군대 말년이나 풀린 군번이 되면 사실 군대에서 딱히 할 것이 많지 않기 때문에 대부분의 편해진 병사들은 하루하루를 무의미하게 보내거나, 운동을 해서 몸을 만들어 전역하는 것이 하나의 코스와 같았다. 〈행복을 찾아서〉라는 영화를 시청한 후 내게 두 가지 변화가 찾아왔다. 즉 나는 '영화의 주인공처럼 책을 읽고 지식을 쌓아야겠다'는 생각과 다이어리를 써야겠다는 생각을 하게 되었다.

군부대에서는 이른바 '진중문고'라고 하여 병사들의 지성과 교양에 도움이 될 만한 다양한 분야의 책들을 여러 권 비치하고 있다. 20대의 젊은 병사들은 주로 TV 시청이나 운동을 선호했던지라, 읽으려고 마음만 먹으면 진중문고의 도서들은 거의 독차지할 수가 있었다. 그때 내 눈에 들어온 것이 여러 저자들이 쓴 자기 계발서였다.

어려운 환경을 극복하고 자신이 꿈꾸던 것들을 이룬 사람, 땡전 한 푼 없는, 아니 심지어 어마어마한 빚을 지고 있는 처지에서 각고의 노력 끝에 엄청난 부(富)를 일군 사람,

신체적 또는 정신적으로 여러 어려움과 장애를 지녔으면서도 일반인보다 더 밝게 자신의 삶을 바라보고 더 멋진 미래를 그려 가는 사람, 그런 사람들이 머리와 가슴으로 써 내려간 이야기들이 내 마음을 사로잡았다.

일상의 삶에 치여 틈만 나면 내무반에서 잠을 청하는 선임, 후임, 동료들 옆에서 조용히 책장을 넘기며 다른 이들의 '자기 계발' 스토리를 읽고, 언젠가는 그 이야기를 나 자신의 이야기로 만들어 갈 꿈을 꾸는 시간이 이어졌다. 과거, 침상에 등을 붙이고 쉬고 있기는 하지만 제대로 쉬는 것이 아니었던 때보다 훨씬 더 달콤한 휴식 시간을 가질 수 있었다. 잠시도 눈을 붙이지 않았지만, 책 속에 빠져들었다가 나오면 몸과 마음은 더할 나위 없이 가뿐했다.

한동안 책에 빠져 지내자 진중문고에 있는 자기 계발서들을 거의 다 읽게 되었다. 그래도 읽는 것을 멈출 수 없었다. 이번에는 읽은 책 중에서 내 마음속에 깊이 남은 책들을 다시 꺼내 읽기 시작했다. 몇몇 문장들은 거의 외울 정도가 되었다. 그때 읽은 감동적인 문구들은 그렇게 내 마음속의 문장으로 남았다.

그때 내가 읽은 첫 책이 스펜서 존슨Spencer Johnson의 《누가 내 치즈를 옮겼을까?Who Moved My Cheese?》였다. 간단한 내용의 얇은 책이지만 문장 하나하나, 구절 하나하나에 곱씹어 볼 만한 의미들이 담겨 있었다. 이 책은 환경의 변화를 직관적으로 받아들이고 행동하는 경우와 그러지 않은 경우를 보여 줌으로써 삶의 태도를 다루는데, 쥐와 꼬마 인간이 등장하는 우화 형식으로 이야기를 풀었기 때문에 읽기가 쉬웠다. 내 상황과 비교하며 읽으니 집중도 잘되었다. 재미와 의미를 모두 챙긴 그 책이 계기가 되어 나는 독서에 취미를 붙이게 되었다.

독서와 함께 내가 재미를 붙인 것이 '다이어리 쓰기'였다. 물론 군대에서는 '수양록修養綠'(군인용 일기장. 2010년부터 '소중한 나의 병영일기'로 이름이 바뀌었다)이라는 노트를 보급품으로 나눠 주고 거의 반강제적으로 일기를 쓰도록 하지만,

내가 쓴 것은 수양록 노트가 아니라 두꺼운 다이어리였다. 다이어리에 일기를 쓰기도 했지만 그날 있었던 주요한 사건, 책이나 신문에서 읽은 감명 깊은 문구를 적기도 했고, 하루하루 생활하며 떠오른 아이디어나 크고 작은 단상들을 빼곡하게 적기도 했다. 그중에는 지금 읽어 보면 닭살 돋는 유치한 생각도 많지만, 거꾸로 '어떻게 이런 생각을 다 해냈지?' 싶을 정도로 탁월한 아이디어도 여러 가지 적혀 있다.

그때 적은 것은 단순한 '다이어리'가 아니라 내 삶의 기록이고, 다가올 미래에 대한 구체적인 계획안이었으며, 어설프지만 그래도 분명한 열망이 담긴 사업 계획서였다.

그렇게 취사병으로 군 생활을 해 나갔다. 그러나 틈나는 대로 손에 책을 쥐고, 야밤에 TV 화면 앞 대신 책상에 앉아 다이어리를 펼치고 메모를 해 나가면서 나는 군대에서 밥만 지은 것이 아니라 다가올 미래의 인생 계획을 짓고 있었다.

그리고 서서히, 그러나 확실하게 성공을 향한 나의 열망은 그 모습을 드러내고 있었다.

Time is the most valuable thing
a man can spend.

시간은 인간이 소비하는 것 중 가장 가치 있는 것이다.

- 테오프라스토스Theophrastus(B.C.371~B.C.287, 그리스의 철학자)

1만 시간 자수성가의 비밀

이름값 하고 살게 만든
열정의 조각들

'이름값 전쟁'에
뛰어들다

◇◇◇◇

드디어 사회에 나오게 되었다.

말년 병장 시절, 내 머릿속에는 온통 '전역을 하면 무슨 일을 해야 할까?'라는 생각만이 가득했다. 미치도록 성공하고 싶었다. 병영 내에서 꾸준히 책을 읽고 다이어리를 쓰며 생각을 가다듬어 어느 정도 분명한 삶의 길도 그려 왔다. 마음이 급했던 나는 이미 말년 휴가 때부터 이곳저곳 면접을 보러 다녔다.

군대를 다녀온 남자들이라면 누구나 그렇듯이 나도 무슨 일이든지 시켜만 주면 정말 잘할 수 있을 것 같았다. 그러나 평범한 사무직 회사원으로는 내가 그린 삶의 길을 제대로 걸어 나가기 힘들 것 같았다.

안정적인 직장에서 어느 정도 유형이 정해져 있는 일상적인 업무를 하며, 매달 고정된 월급을 또박또박 받는 것으로는 그 당시 내게 주어진 삶의 무게를 떨쳐 버리고 지긋지긋한 가난에서 완전하게 벗어나기 어려울 거라는 생각이 들었다. 안정도 좋지만 당시의 내게는 조금 불안정하더라도 노력한 만큼 남다른 획기적인 수입이 가능한, 내가 일한 결과만큼 대가를 가져갈 수 있는 직장이 필요했다.

생각이 거기에 미치자 내가 선택할 수 있는 직업은 몇 가지 없었다. 그중에서도 내 관심을 가장 끌었던 것이 영업직이었다.

흔히 한국에서 '영업직'이라고 하면 못 배운 사람들이나 하는 일 또는 물건 하나 팔기 위해서 간도 쓸개도 다 빼놓고 고객들 비위를 맞춰야 하고, 그러자니 때로는 술집에서 폭탄주를 말고, 때로는 노래방에서 탬버린을 쳐야 하는, 그런 이미지로 그려질 때가 많다. 그러나 그건 드라마나 영화에서 생산한 과장된 이미지의 결과이지 실상은 그렇지가 않았다. 영업營業은 '경영할 영營' 자와 '일 업業' 자로 이뤄진 글자다. 즉, 사업을 목적으로 우리가 하는 모든 일을 행하는 방식이나 모습을 뜻하는 말이다. 단순히 뭘 사고파는 행위만을 가리키지 않고, 어찌 보면 우리가 하는 대부분의 영리 행위가 곧 영업인 것이다. 그러므로 가장 고차원적이면서도 포괄적인 업무가 영업이었다.

나는 여러 경로로 알아보다가 한 인터넷 광고 회사의 텔레마케팅 영업직 자리를 구하게 되었다. 내가 입사한 회사는 오프라인 세상을 대신해 한창 뜨고 있던 온라인 세상에서 특정 제품이나 서비스가 사람들에게 홍보될 수 있도록 도와주는 서비스를 제공하고 있었다. (그 당시는 스마트폰이 보급되기 전이다) 인터넷으로 대표되는 온라인 세상에서 특정 사람이나 회사 혹은 그 회사의 제품이나 서비스의 '이름값'을 다른 경쟁자 혹은 경쟁 기업의 그것보다 높여 주는, 이른바 '이름값 전쟁'을 대신 치르는 것이 우리 회사의 주된 서비스였다.

나의 주된 업무는 고객이 될 만한 업체나 업체 관계자에게 전화를 걸어 우리 회사의 상품에 대해 설명하여 고객으로 유치하는 것이었다. 월급은 기본급이야 최저 임금에도 미치지 못했지만 그 대신 계약이 성사되는 건수에 따라 성과급을 추가적으로 지급받는 식으로 책정되었다. 얼마나 열심히, 잘하느냐에 따라 내가 받을 급여가 얼마든지 늘어날 수 있었다. 지식도 '빽'도 없는 내가 딱 바라던 자리였다. 그리고 잘할 자신도 있었다.

그러나 입사한 첫 달 내가 손에 쥔 돈은 정확히 '69만 원'이었다. 급여 내역서에는, 성과에 따른 추가 수당은 전혀 없이 기본급 70여 만 원만 찍혀 있었다. 거기서 세금 떼고 뭐 떼고 나니 겨우 69만 원이 수중에 들어왔다. 그나마

다음 달에는 계약을 두 건 성사시켜서 90만 원이 약간 넘는 돈을 받게 되었지만, 그 돈으로는 부자가 되기는커녕 한 달 생활하기도 힘들었다. 게다가 여담이지만 회사에서는 점심 식대도 나오지 않았다. 월급 받아서 교통비 쓰고 점심 먹으면 수중에 남는 돈은 거의 없었다. 암담했다.

이대로라면 심각했다. 무언가 특단의 조치가 필요했다.

어느 날 회사 업무를 마치고 가장 가까운 한강 둔치로 갔다. 내 심정은 아랑곳없이 유유하게 흐르는 한강물을 바라보며 잠시 생각에 빠져들었다.

'이유가 뭘까? 군대에서 전역만 하면 분명 뭐든지 잘해 낼 수 있을 것만 같았는데…….'
'분명히 내가 잘할 수 있는 일이라고 생각했는데…….'
'왜지? 왜 안 되는 것일까?'

문제는 얼마 되지 않아 발견할 수 있었다. 아니, 오래

전부터 알고 있었지만 문제가 아니라고 애써 외면하던 것을 뒤늦게 인정하게 되었다고 하는 것이 더 솔직한 표현이겠다.

많은 사람이 내 겉모습만 보거나 나와 비즈니스로 만나서 대화 몇 마디 나눠 보고는 '정찬영 대표는 참 당차고 시원시원하다'는 평을 내리는 경우가 많다. 실제로 회사를 경영하고 사업적 의사 결정을 내려야 할 때는 그런 모습을 보이는 경우가 많다. 의도했건 의도하지 않았건. 내 태도 하나에 중요한 거래의 성사 여부가 달려 있고, 내 자세 하나에 우리 회사의 여러 식구들의 생계가 달려 있기 때문에 원하건 원치 않건 그래야 할 때가 있다. 그러나 나와 오랜 시간 알고 지낸 친구들이나 가족들은 내게 있는 의외의 면을 잘 알고 있다.

사실 나는 부끄럼이 굉장히 많은 성격이다.

나 스스로는 물론이고 나와 이야기하는 상대방이 상처를 입을까 염려되어 말 한마디를 하더라도 꽤나 조심스럽고, 고심해서 하는 스타일이다. 그렇다고 남에게 굽신거리거나 마음에도 없는 입에 발린 소리도 잘 못하는 성격이었다. 텔레마케팅 영업을 하다 보면 상대에 맞춰 너스레를 떨거나 애교를 부리기도 해야 하고, 때로는 우리 상품과 서비스에 대해 허풍을 좀 섞어 말하거나 법적으로 큰 문제가 되지 않는 범위에서 과장을 좀 하기도 해야 하는데, 나는 타고난 천성상 그걸 하기가 무척이나 힘들었다. 물론 고객 응대를 위한 일종의 매뉴얼 혹은 스크립트가 있었지만, 실제 고객과 통화할 때는 그대로 안 되는 경우가 대부분이었다. 그럴 때면 신속하게 임기응변으로 대처해야 하는데 그때는 그것도 제대로 되지 않았다.

특히 옆자리에 앉은 다른 텔레마케터 동료들이 내 이야기를 들을 거라는 생각이 나를 더욱더 위축되게 만들었다. 혹시라도 내 말을 듣고 동료들이 피식 웃기라도 할까 봐 부끄러움에 말문은 더욱 닫혀만 갔다. 심지어 고객에게 거절당하는 내 모습이 창피해서 이미 고객은 전화를 끊어 버렸는데, 주위 동료들을 의식해서 나는 마치 전화가 끊기지 않은 척 한참을 혼잣말로 통화를 이어 간 적도 있었다.

그것이 나의 문제였다.

다시 한강물을 바라보았다.

내가 이런저런 생각을 하는 동안에도 강물은 묵묵히 자신이 가야 할 곳, 바다를 향해 멈춤 없이 흘러가고 있었다.

'69만 원…… 90 몇 만 원…….'

'이대로라면, 내년에 나는 어떤 삶을 살고 있을까?'

문득 '아무런 자유도 없이 병영 내에 갇혀서 병장 월급 8만 원에도 시쳇말로 까라면 깠는데, 내가 왜 이렇게 약해 졌을까?'라는 생각이 들었다. 나를 속박하거나 가두는 이 하나 없이 "너 할 수 있는 건 다 해 봐라. 단, 실적만 내라"고 하는데, 왜 자꾸 약해져서 다른 이들의 눈치나 보고 있을까 하는 생각이 들었다.

고된 취사를 마치고 다들 널브러져 쉬고 있을 때, 독하

1만 시간 자수성가의 비밀

게 맘먹고 책을 손에 쥐고 앉았던 정찬영의 모습, 다들 TV를 보며 낄낄거릴 때 다이어리를 펼쳐 들고 온갖 계획과 아이디어들을 써 내려갔던 준비된 비즈니스맨 정찬영의 모습. 그걸 다시 찾고 싶었다. 그리고 막연하게나마 곧 찾을 수 있을 거라는 생각이 들었다.

이후 내 삶의 중요한 명상 센터이자 성찰의 학교가 되어 줄 한강 성산대교 밑에서 나는 내게 주어진 문제에 대해 다른 해결책을 찾기 시작했다.

Destiny in no matter of chance.

It is a matter of choice.

운명은 우연이 아닌 선택이다.

기다리는 것이 아닌 성취하는 것이다.

– 윌리엄 브라이언William Jennings Bryan(1860~1925, 미국 전 국무
장관)

1만 시간 자수성가의 비밀

네가 하면 필살기,
내가 하면 쓰레기

◇◇◇◇

과거 《타임》지에 〈It's True. Asians Can't Think(아시아인은 생각을 하지 않는다)〉라는 모욕적인 기사가 크게 실린 적이 있다. 그 기사의 내용은 "아시아인은 창의적이지 않다. 항상 따라 하려고 한다"는 것이었다. 아시아인으로서 부끄럽지만 요즘 젊은이들의 표현을 빌리자면 "뼈 때리는" 내용이지 않을 수 없다. 물론 모두가 그런 것은 아니지만 국내 사정만 살펴봐도, 하나의 아이템이 잘되어 성공하면 비슷한 상품들이 우후죽순 생겨난다. 자영업을 예로 들어 볼까? 흑당밀크티를 판매하는 A 매장이 잘되면 바로 옆에 똑같은 흑당밀크티를 판매하는 B 매장이 다른 이름의 간판을 내걸고 오픈하는 식이다.

유대인 교육 방식의 탁월함은 전 세계적으로 인정받는다. 《탈무드Talmud》에서는 어떤 문제를 풀어 나갈 때 일방적으로 결론을 내리지 말고 서로 대화를 통해 결과를 추리해 나가라고 가르친다. 하지만 한국에서는 어떠한 답이나 결과가 나오면 그것이 정석이고 진리인 듯 결론을 지어 버린다. 어떤 사람이 성공했다고 해서 그의 방법이나 노하우가 정답은 아니다. 스스로 방법을 찾기 어려울 때에는 다른 사람에게서 성공 방식을 배우되 그대로 따라 하기보다는 나에게 맞게 변화를 줘야 한다. "이 세상에 존재하지 않았던 것은 없다"는 말도 있지 않은가? 모르는 것을 배우는 일은 중요하다. 어찌 보면 배움에서 시작되지 않는 것은 없을 정도다. 따라하기만 한다면 절대로 승자가 될 수 없다.

　　　　　　　　1만 시간 자수성가의 비밀

직원들이나 후배들이 '어떻게 하면 영업을 잘할 수 있을까요?'라고 물을 때마다 내가 하는 말이 있다.

'영업에서 가장 중요한 것은 물결 같은 말의 흐름이다.
그 흐름을 따라가되 너만의 스피치를 찾아라.'

어찌 보면 선문답과도 같은 이 한 구절 속에 우리가 잊지 말아야 할 영업의 비결이 대부분 담겨 있다. 영업이란 내 제품이나 서비스를 사고 싶어 하는 사람을 대상으로만 하는 것이 아니다. 경쟁자의 제품이나 서비스를 구매하고 싶어 하거나, 내 제품이나 서비스를 사기 싫어하거나, 심지어 이러이러한 제품이나 서비스가 존재하는지조차 모르는 사람에게까지 판매해야 하는 것이 영업이다.

그럴 때 무조건 "우리 제품이(혹은 서비스가) 최고이니 꼭 구매하셔야 합니다"라고 우격다짐으로 밀어붙이는 것이 능사가 아니다. 사전에 고객을 면밀하게 분석해서, 예를 들어 자존심이 센 고객에게는 '사장님께서도 잘 아시겠지만……'이라고 말을 꺼내거나, 설혹 고객이 틀린 말을 하더라도 곧바로 반박하지 않고 짐짓 모르는 척 '아, 예…… 그렇군요'라고 수긍한 뒤 그 후에 기회를 봐서 부드럽게 고쳐 주는 식의 강온 전략을 적절하게 구사할 줄 알아야 한다.

나 역시 처음부터 그런 것들을 이해하고 숙지하여 능수능란하게 활용했던 것은 아니다. 다만, 치열한 경쟁 속에서 살아남기 위하여 이리저리 궁리하고 연구하는 가운데 하나둘 습득했다.

영업차 고객에게 전화를 걸었을 때 사실 도입부만 넘기면 중반부까지는 웬만하면 간다. 문제는 도입이었다. "어떻게 하면 쉽게 이야기를 꺼낼 수 있을까" "'에잇, 광고 아냐?'라며 전화를 끊지 않고 나와 조금 더 통화를 이어 갈 수 있게 하려면 어떻게 상대의 호기심을 유발해야 할까?"를 치밀하게 고민했다. 그 후 상대에게 우리 제품과 서비스의 장점을 설명한 뒤 거래 결정까지 이어질 수 있도록 유도하는 것이 중요한데, 그때 결정적인 것이 바로 '상황에 맞는 오버 피칭Over Pitching'이었다.

물통에 물이 절반이 차 있어도 물은 넘치지 않는다. 물통에 물이 3분의 2가 차 있어도 물은 넘치지 않는다. 심지어 물이 거의 가득 차서 찰랑거려도 물은 넘치지 않는다. 물이 '거의 가득' 차 있는 것이지 넘치는 것은 아니다. 물이 넘치려면 그릇 가장자리까지 찰랑거릴 때 집중적으로 물을 더 들이부어서 출렁거리다가 마침내 물이 넘쳐 나가게끔 해야 한다. 아무리 물이 그득해도 거기서 물 붓기를 멈추면 물은 가득할 뿐 넘치지는 않는다.

영업도 마찬가지다.

고객이 어떠한 의사 결정을 내리도록 하는 방법은 친절하고 상냥한 태도로 예의 바르게 응대하여 '세일즈를 하는 나'와 고객 사이에 라포르Rapport(두 사람 사이의 신뢰 관계를 뜻하는 심리학 용어)가 형성되도록 하는 것을 기본으로 한다.

물통에 지속적으로 물을 부어 절반 정도 차게 한 것과 비슷하다. 그다음으로는 고객이 어떠한 상황에 처해 있으며, 어떤 제품이나 서비스가 필요한지를 파악하는 이른바 고객 니즈 분석이다. 물을 더 들이부어 물통의 3분의 2까지 가득 차게 한 상태. 거기까지 성공했으면 그다음 단계가 본격적인 세일즈 단계다. 내가 팔아야 할 제품 또는 서비스를 고객에게 제시하고 그 특장점을 설명하는 것이다. 우리 제품이나 서비스가 경쟁사의 그것에 비해 어떠한 장점이 있으며, 고객이 갖고 있는 니즈에 얼마나 부합하는지를 자세하면서도 고객에게 친근한 언어로 설명하는 단계다. 이제 물통에 물이 가득 차 출렁거리며 넘치기 일보 직전의 상황이다. 하지만 아직 물은 넘치지 않았다.

'물이 넘치는 상태', 이른바 고객이 구매를 결정하고 나와 거래하는 데에 이르게 만들려면 결정적인 한 단계가 더 필요했다. 이른바 '한 바가지 물을 더 끼얹는 것', 이것을 세일즈를 하는 우리 용어로는 '오버 피칭'이라고 했다.

'피칭Pitching'이라는 용어는 야구에서 투수를 일컫는 '피처Pitcher', 투수가 공을 던지는 행위를 의미하는 '피칭'과 같이 피치Pitch가 원형인 단어로, '상대방에게 의견이나 의사, 정보 등을 전달하는 행위'를 말한다. 원래는 스타트업Start-Up에서 투자를 유치하거나 기존의 기업들이 관계자들을 모아 놓고 IRInvestor Relations(기업 설명 활동)을 할 때 쓰던 용어였다.

그런데 왜 '소통하다'는 의미를 가진 '커뮤니케이션Communication'이나 '말하다'는 의미의 '스피치Speech'라는 단어를 쓰지 않고 '던지다'라는 뜻의 '피치'를 쓰게 되었는지는 분명하지 않다. 다만 내 뜻—내가 원하는 바나 상대에게 전달하고 싶은 바—을 더욱 명확하게 전달한다는 의미에서 '피치'라는 단어를 쓰게 된 것은 아닌지 추정할 따름이다.

아무튼 영업 활동을 함에 있어서 마지막 순간, 물을 넘치게 해서 거래를 성사시키는 이 '피칭'이 중요한 역할을 했다. 그것도 그냥 피칭이 아니라 고객이 의사 결정을 앞두고 머뭇거리게 되는 심리적 장벽을 넘어서게 만드는, 그릇 가장자리 턱에서 찰랑거리는 물이 넘어서도록 과감하게 물 한 바가지를 휙 끼얹는 그런 피칭. 그것이 바로 '오버 피칭'이었다.

오버 피칭의 방법은 다양했다.

때로는 상대의 감정에 읍소하거나, 그간 쌓아 온 친분을 앞세워서 고객이 이성과 자기만의 논리로 쌓은 확고한 장벽을 넘어서게 만들었다. 상대의 허를 찌를 정도로 남다른 서비스나 파격적인 할인 가격을 제시하여 구매의 장벽을 허물기도 했다. 또 때로는 다소 강할 정도로 밀어붙여, 의사 결정을 하지 못하는 우유부단한 고객이 과감하게 구매나 거래를 결정할 수 있도록 푸시하기도 했다. 이 모든 것이 오버 피칭이었다.

이 오버 피칭의 가장 핵심적인 기술은 '우리의 약점은

최대한 줄여서 작아 보이게 하고, 장점은 최대한 극대화해서 크게 보이도록 만드는' 화법이었다. 많은 사람이 오해하는 것과 달리 무조건 우리 제품과 서비스의 장점만을 제시하여 고객과의 거래를 성사시키는 것이 오버 피칭이 아니었다. 영업은 단점을 숨길 수도, 거짓으로 할 수도 없다. 다만 단점을 장점의 뒤에 두고, 단점을 이야기한 뒤에는 다시금 장점을 제시하며 마무리하는 것이 진정한 오버 피칭이었다. 숨겨야 할 것들을 감추는 것이 아니라, 다른 장점을 더 적극적으로 제시하여 단점이 드러나지 않게 하는 것 역시 오버 피칭의 하나였다.

또 한 가지 방법은 '큰 숫자를 나누어 작게 풀어 주는 것'이었다. 단순히 '광고 효과가 좋다'고만 하면 업체 사장님들은 결정을 하지 못하고 머뭇거리는 경우가 많았다. 그럴 때면, 예를 들어 이렇게 설명했다.

"대표님 사업에 비해서 큰 것은 아니지만 마케팅 비용이 한 달에 90만 원입니다. 하루로 계산하면 3만 원이에요. 소비자가 딱 한두 팀만 온다고 해도 원가 제외하고 광고비는 회수하실 수 있는 거예요. 다른 회사도 아니고 대표님 회사를 위해서 개인 소비를 줄이더라도 이것은 해 보는 것이 좋지 않을까요? 저는 아직 일개 영업 사원이라서 부족하지만 주위에서 성공하신 대표님들이 하시는 말씀도 있고, 대표님도 잘 아시다시피 부정보다는 긍정입니다. 안될 것 같다고 해서 해 보지 않는 것보다 해 보고 옳고 그름을 판단하는 게 좋은 선택이라는 거, 잘 아시잖아요?"

이런 식으로 나는 조금씩 '영업의 길'을 찾아 나가고 있었다.

다만 한 가지 문제가 있었다. '영업의 물결'을 거세게 몰아쳐서 '계약 성사'라는 마무리를 맺기 위해서는 때로 상대의 감정 변화를 이끌고자 오히려 언성을 높이거나, 마치 연극배우처럼 격한 감정을 쏟아 내야 하는 경우가 비일비재했다. 하지만 그런 행동을 평상시 직원들로 가득 찬 사무실에서 하기는 쉽지 않았다.

이때까지도 수많은 거절을 겪으며 더 좋은 스피치를 위해 노력하다 보니 영업의 노하우가 조금씩 쌓여 갔지만 무언가 다른 방법이 필요했다.

원숭이는 나무 타기의 천재다.
그런 원숭이가 물고기에게 나무 타는 법을
알려 준다면, 물고기는 지금까지 자기가
바보로 살았다고 믿을 것이다.

-작자 미상

'마법의 토요일'이
시작되다

◇◇◇◇

내가 선택한 무대는 아무도 출근하지 않는 '토요일의 사무실'이었다. 또래 친구들에게는 '불금'이었던 전날의 숙취가 그대로 남은 토요일 아침. 주위 직원들에게 거절당하는 모습을 보이기 두려웠던 내게는 더욱 많은 시도를 해 볼 수 있는 요일이었다.

잠에서 깬 나는 씻고 간단히 요기를 마친 뒤 사무실로 향했다. 아무도 없는 텅 빈 사무실. 그곳은 어제까지 치열했던 영업 활동이 펼쳐지던 전장과도 같은 곳이었다고는 상상조차 하기 힘들 정도로 고요한 적막만이 가득했다. 아니, 적막조차 얼마 남지 않은 텅 빈 황량한 무대였다.

그 무대에 홀로 등단한 나는 세상에서 가장 편한—그렇지만 가슴과 머릿속에는 날 선 벼린 검을 품은—자세로 앉아 수화기를 들었다. 상대는 그동안 '호형호제하는 사이가 된' 친한 선후배나 친구 같은 이부터 '별 관심 없어요'라며 통화를 하는 둥 마는 둥 무시하는 기색이 역력했던 사람까지, '지금은 형편이 안 돼 이용이 어렵지만 여건이 되면 꼭 거래를 하자'던 가망 고객(가까운 시일에 고객이 될 가능성이 높은 고객군)부터 '다시는 전화하지 마라'며 불호령을 치던 이까지 다양했다.

수화기 너머로 그런 관객들을 두고 나는 한판 멋진 무대를 펼쳐 보였다. 토요일, 텅 빈 사무실을 무대 삼아 펼친 나만의 '오버 피칭' 공연은 점차 그 빛을 발하기 시작했다.

모든 근로자가 출근하는 평일에는 나뿐만이 아니라 다

른 광고 회사들에서 걸려 오는 다양한 영업 전화로 인해 고객들의 피로도가 높은 상태이지만, 토요일에는 그렇지 않기 때문에 통화하는 것이 평일에 비해 조금 더 수월했다. 그리고 우리 회사에 별 관심이 없거나, 관심이 있더라도 거래를 결정하지 못하고 있던 고객들이 계약을 맺기 시작한 것이다. 심지어 완전히 등을 돌리거나 '다시 전화하면 혼찌검을 낼 줄 알라'고 성질 반, 협박 반, 역정을 내던 분들조차 하나둘 고객이 되어 주었다.

텔레마케터 영업은 결국 말로 하는 것이다. 같은 말이라도 더 매력적으로 들리게끔 전하고, 상대방의 구매 욕구를 자극하면서도 기분 좋게 마무리 지어 주는 것이 필요하다.

내가 가까운 이들에게 농담처럼 들려주는 얘기가 있다. 한창 혈기 왕성한 젊은 시절에 친구들 모임에 가면, 길에서 이상형의 여자를 만나서 전화번호를 물어본 경험을 이야기하는 친구들이 종종 있었다. 그러나 그런 이야기를 하는 친구는 많지만 정작 전화번호를 땄다는 이야기는 많이 들어 보지 못했다. 그런데 유독 전화번호를 잘 알아 오는 친구가 하나 있었다. 그가 다른 친구들보다 훨씬 더 잘생겨서 그럴까? 그건 아닌 것 같다. 그 친구는 시작은 똑같아도 마지막에 전화번호를 물어보는 방법이 다른 친구들과 조금 달랐기 때문이다. 일반적으로 사람들은 길에서 모르는 여자를 만나면 공손하게 인사한 뒤 이와 같이 묻는다.

"안녕하세요, 너무 마음에 들어서 그러는데 전화번호 좀 알려 주실 수 있으세요?"

그런데 그 친구는 환하게 인사하며 밝은 분위기를 조성한 다음에 대답을 유도하는 말을 했다.

"전화번호가 011…… 몇 번이시죠? 아, 017이시구나. 017 다음에 어떻게 되세요?"

어찌 보면 지극히 단순하고, '뭐 저렇게 묻는다고 해서 전화번호를 알려 주는 사람이 있겠어?'라고 할 수도 있겠지만 실제로 효과는 크게 달랐다. 앞의 질문은 상대가 전화번호를 알려 줄지 말지를 선택해야 하지만, 뒤의 질문은 전화번호를 알려 준다는 전제하에 그 번호가 011로 시작하는지 아니면 017로 시작하는지를 묻는 것이다. 요청을 받은 상대로서는 훨씬 쉽게 선택할 수 있도록 선택지를 전환시킨 것이다.

비슷한 이유로 영업을 할 때 고객이 거래 여부를 확실하게 결정하지 못한 상태에서 "대표님, 저희와 계약을 진행하실 거죠?"라고 묻는 것보다, "대표님, 결제는 카드로 하는 게 편하시겠죠? 카드 번호 열여섯 자리 확인 부탁드립니다"라고 묻는 것이 특히 자영업을 하는 대표님들과 마케팅 계약 체결에서 성사율을 훨씬 더 높이는 질문이다.

이런 영업의 노하우와 스킬을 배우고, 개발하고, 습득하며 내 성과는 확연하게 달라지기 시작했다. 그저 쉬는 날 중 하루였던 토요일이 나에게는 이른바 '마법의 토요일'이 된 것이다. 성과가 좋아지니 나 스스로도 영업에 재미를 붙이기 시작했고, 어느새 내 실적은 회사에서 경쟁자가 없을 정도로 독보적인 위치에 올라서게 되었다.

답이 없을 것만 같은 막다른 길에 가로막힌 듯이 답답함을 느끼던 시기에 '나와는 맞지 않는 일인가'라고 스스로를 합리화하다가도, 끝내 포기하지 않은 채 같은 패턴을 반복하지 않고 문제를 해결하려고 노력하다 보니 어느새 내가 성장하게 되었다. 거창한 업적을 이룬 누군가를 내가 도달해야 할 목표로 정하는 대신, 오늘의 나보다 내일의 내가 더 성장한다면 언젠가 내가 원하는 것을 얻을 수 있다는 좋은 교훈을 얻은 시기였다.

모든 희망은
절실함과 실천으로 이루어진다.

- 작자 미상

인내는 쓰다,
그러나 실패는 더 쓰다

◇◇◇◇

'입사한 지 불과 1년 10개월 만에 최연소 팀장이 되었다.'

글로 쓰면 불과 한 줄에 불과한 이야기이지만, 사실 그 속에는 책 한 권으로 써도 모자랄 만큼 복잡한 에피소드가 있다. 분명, 이 무렵의 내 실적은 꽤 괜찮은 편이었다. 우리 회사와 거래할지 망설이던 고객들이나, 다른 직원들이 도저히 거래를 뚫지 못하겠다며 손사래를 치던 지역의 고객들도 내가 영업을 하면 어느새 우리의 고객이 되고는 했다. 회사는 점점 더 커졌고 더 나은 실적을 거두었기에 조만간 내가 팀장이 되는 것은 따 놓은 당상처럼 여겨졌다.

그런데 그 무렵 자그마한 일이 하나 있었다.

영업직으로 일하는 상당수의 직원들에게서 나타나는 특징이 있다. 처음에는 새 고객을 발굴하고 유치하기 위해 물불 안 가리고 달려들어 실적을 쌓아 가거나, 초반에 일을 별로 하지 않다가 중반이 지나면서 영업을 열심히 하기 시작한다. 영업 사원들은 본인이 체결한 계약 건을 체크해 보면 자신이 수령할 급여가 얼마인지 계산이 나온다. 그런데 보수나 수당이 어느 정도 수준에 이르면 급작스럽게 도전 의식이 실종되면서 그 이상으로 가려 하지 않는 것이다. 적절한 수준에서 더 하지도 덜 하지도 않으며 그저 현재의 수입에 머물려는 경향을 보인다. 현실에 안주하는 것이다. 나 역시 언제부터인지 알게 모르게 그런 모습이 나타났다. 그때 우리 회사에 새 직원들이 합류했다. J 군 역시 그 무렵 합류한 직원 중 한 명이었다.

나보다 후배였지만, J 군은 가히 타고난 세일즈맨이라고 해도 무방할 정도로 발군의 실력을 선보였다. 우리 둘은 선의의 경쟁자가 되어 성과를 냈지만, 주위의 시선은 우리를 가만 놔두지 않았다. 뭔가 둘 사이에 불편한 관계가 있을 거라고 지레짐작했다. 그리고 그러한 짐작은 얼마 가지 않아 현실이 되었다.

어느 날, 회사 대표가 점심을 함께하자고 했다. 대표는 제법 값나가는 스테이크를 사 주었다. 내심 무언가 중요한 이야기를 할 거라는 생각이 들었다.

'혹시 나에게 신임 팀장 자리를 제안하려고 그러시나?'

그도 그럴 것이, J 군의 활약 덕분에 다소 빛이 바래기는 했지만 그럼에도 당시 나는 실적도 괜찮았고, 입사 서열로 치더라도 팀장을 맡는 것이 전혀 무리가 아니었기 때문이다. 그러나 주문한 스테이크를 앞에 두고 대표가 한 이야기는 정반대였다.

"찬영 씨, J 씨를 팀장 시키려 하는데⋯⋯. 물론 찬영 씨도 수고 많이 해 줬지만 J 씨의 실적이 워낙 좋잖아. 그 대신 찬영 씨는 직급 하나 높여 주고 팀장급으로 대우해 줄 테니, 이해 좀 해 줘."

차기 팀장을 당연시했던 나는 큰 충격을 받았다. 전혀 엉뚱한 의사 결정을 내린 대표님에 대한 원망도 원망이었지만, 주위에서 보는 시선이 부담스러워서 견딜 수가 없었다. 그날로 바로 사표를 냈다. 사무실을 빠져나와 평상시 잘 알고 지내던 경쟁사 사장님에게 전화를 걸었다.

"대표님, 안녕하세요. 저 정찬영입니다."

"오, 그래. 찬영 씨 웬일이에요?"

"저에게 꼭 한번 같이 일하자고 하셨죠? 그 제안 유효한지 여쭈려고 연락드렸습니다."

"……."

"팀장 자리 주십시오. 제 가치를 보여 드리겠습니다."

그 대표님은 여자분이지만 남자보다도 훨씬 더 배포 있고 멋지게 사업을 영위하고 있었다. 평상시 '꼭 한번 같이,

멋지게 일해 보자'며 나를 탐내던 분이었다. 당시 내가 다니던 회사 대표님과 그동안 함께 고생해 온 인연도 있고, 그 회사에서 팀장이 된 뒤에 수고해 준 후배들을 팀원으로 데리고 더 큰 성과를 내고 싶다는 생각 때문에 사장님의 제안을 간곡하게 거절해 왔지만, 이제는 '팀장 자리만 보장해 준다면' 홀가분하게 옮겨 갈 수 있겠다는 생각이 들었다.

그런데 돌아온 대답은 뜻밖이었다.

"저야 찬영 씨가 우리 회사에 합류해 준다면 대환영이지요. 그런데 팀장 자리는 못 줘요."

그 말에 실망했지만, 그 안에 담긴 사장님의 생각이 명쾌해서 100퍼센트 동감할 수 있었다. 사장님의 회사에도 현재 일하는 직원들이 있고 그중에는 남다른 성과를 바탕으로 팀장 자리를 노리는 직원들이 있는데, 나를 영입해서 그들에게 덜컥 '오늘부터 너희 팀장이다'라고 한다면 어느 누가 수긍할 수 있겠냐는 것이었다. 마치, 회사에 새로 들어온 신입 사원이 나를 제치고 팀장이 되면서 내가 이직을 생각하게 된 것처럼.

> "우리와 함께 일하고 싶으면, 오세요. 그리고 두 가지를
> 증명해 주세요.
> 첫째는 실력, 매출 톱top을 찍어 주세요.
> 둘째는 리더십, 충분히 남을 이끌 수 있는 사람이란 걸
> 보여 주세요."

사장님의 뒤이은 제안에 새로운 회사로 옮기게 되었다. 그리고 그 회사에서 역시 최고의 실적을 쌓아 나갔다. 이직 후 얼마 지나지 않아 매출 1위를 찍었고, 새 사무실의 동료들에게 내 노하우를 성심성의껏 가르쳐 주며 내 사람으로 만들어 갔다. 그 결과 나는 사장님이 말한 대로 스스로 나를 증명해 보였고 많은 동료의 지지 속에 팀장이 되었다. 더 고무적이었던 것은 옮겨 간 회사에서 나 혼자만 승승장구한 것이 아니라, 나와 함께한 여러 명을 성장시

이름값 하고 살게 만든 열정의 조각들

킨 덕분에 예비 진급자들도 함께 팀장을 달게 되었다는 점이다. 나 혼자만의 성공이 아닌, 함께 써 간 최초의 성공담이었다. '혼자 잘하는 나'에서 처음으로 '함께 잘할 수 있는 나'를 입증한 시기였다.

Defeat doesn't finish a man, quit does.
A man is not finished when he's defeated.
He's finished when he quits.

인간이란 실패하지 않고는 성장하지 못한다.
인간은 패배했을 때 끝나는 것이 아니다.
포기했을 때 끝나는 것이다.

- 리처드 닉슨Richard Milhous Nixon(1913~1994, 미국 제37대 대통령)

성공은 실패의
눈물을 먹고 자란다

◇◇◇◇

나는 옮긴 회사에서도 계속 승승장구했다. 이대로라면 팀장에서 실장으로 승진하고, 더 나아가 본부장의 자리에까지 올라갈 것 같았다. 안정적인 직장 생활 역시 계속될 줄 알았다. 그러나 변화는 뜻밖의 시간에 찾아왔다. 미혼이던 대표님이 결혼을 한다는 것이었다. 예비 남편이 사업하는 것을 원치 않아 회사를 운영하기 어렵겠다고 판단한 듯했다. 그래서 결혼하면 같은 업종에서 더 큰 규모의 기업을 운영하던 친오빠의 회사와 합병하겠다고 결정했다.

물론 합병해서 더 큰 기업이 되면 여러 면으로 긍정적인 변화와 다양한 기회가 올 수도 있지만, 반대로 나는 그때까지 이뤄 온 것, 만들어 온 것을 모두 잃고 다시 '신입 사원처럼' 맨땅에서 시작해야 한다는 의미일 수도 있었다. 그런 소문이 들려올 무렵 이미 나는 일을 거의 손에서 놓고 있었다. 겉으로 표현하지는 않았지만 슬슬 떠나야 할 때가 다가오고 있다는 것을 직감했다. 이제는 새로운 단계로 나아가야 할 때가 되었다는 생각이 들었다.

'안 되면 뭐, 영업은 자신 있으니까 다시 취업하면 되지.'

지금 생각해 보면 조금은 아찔하지만, 그때는 진짜로 이런 생각으로 과감하게 사표를 던졌다. 그때 내 수중에는 그동안 모은 1500만 원 정도의 현금이 있었다. 신용이 좋지 않아 제1금융권에서 거액을 대출받기 어려워 34퍼센트라는 엄청난 이율로 현대캐피탈에서 1800만 원을 빌렸다. 그렇게 만든 3300만 원으로 화곡동 공유 오피스 공간에 사무실을 구하고, 집기류를 구입하고, 사업자 등록을 해서 마케팅 회사를 설립했다. 드디어 본격적인 '나만의 사업'을 시작하게 된 것이다.

기존에 잘해 오던 영업력을 발휘하여 신규로 고객들을 얼마간 추가 확보하면 사업은 충분히 가능성이 있어 보였다. 어리석은 생각이었지만 그 당시 최악의 상황을 생각해 보았다. 기존 회사에서 하던 만큼만 계약을 따냈을 경우 내 수당을 제외한 회사 수익률을 계산해 보니 회사는 절대 망할 것 같지 않았다. 당시 판가와 마진 기준으로 한 달에 세 건 정도만 신규 계약을 따내면 직장 다닐 때와 큰 차이 없이 안정적으로 먹고살 수 있겠다는 그림이 그려졌다. 그리고 실제로도 창업 초반에는 팀장 생활을 할 때보다 많지는 않지만 조금 더 수익을 내고 있었다. 그리고 조금씩 매출도 증가했다. 이제는 갈퀴로 돈을 긁어모을 일만 남아 보였다. 흔히 하는 '무지갯빛 미래'라는 말이 남의 얘기가 아니라 나의 얘기로 느껴졌다.

그러나 다시 그 병이 도질 줄은 몰랐다.

사장병

언젠가 책에서 보았는데 '역대 패망한 중국의 황제 중 성군聖君이 아니었던 이가 없다'는 말이 있다. 무슨 소리인 가 하니, 나라를 망하게 만든 황제들도 집권 초기에는 현 명하고 지혜롭게 국정을 운영했다는 이야기다. 실제로 역 사책을 통해 만난 유명한 폭군 치고 왕위에 오를 때 촉망 받지 않은 이가 드물었다.

중국 대륙 최초의 왕조로 여겨지는 하나라의 걸왕은 사치와 폭정으로 나라를 망하게 만들었지만, 즉위할 무렵 만 하더라도 수많은 이웃 부족을 정벌하여 하나라의 영토 를 당대 최대로 넓힌 용감무쌍한 왕이었다고 한다. 하나라 에 이어 세워진 은나라(또는 상나라)의 마지막 왕인 주왕은 부하들에게 내린 잔혹한 형벌과 주지육림酒池肉林으로 대표

되는 호화로운 생활로 역사에 오점을 남겼지만, 왕위에 올랐을 무렵만 하더라도 당시 미지의 땅으로 여기던 변방의 여러 오랑캐 무리를 물리쳐서 국경의 소란을 잠재운 왕이라고 칭송하는 소리가 높았다고 한다.

굳이 멀리에서 찾을 필요도 없다. 우리나라의 삼국 시대에 백제를 패망에서 구하지 못한 의자왕 역시 일부 승자의 역사 기록과 달리, 집권 초기에는 무척이나 영민하고 지혜로웠으며 나라를 잘 다스렸던 왕이라고 알려지고 있다.

그랬던 그들이 왜 변하게 되었을까? 아마도 작은 성공 체험에 감춰진 '숨은 날'을 살피지 못한 것은 아닐까?

흔히 큰 성공을 위해서는 작은 성공을 반복적으로 체험하라고들 말한다. 작은 성공을 체험하면서 생기는 성공에 대한 자신감, 승부처에서의 판단력, 긍정적인 마인드 등이 향후에 큰 성공을 거두는 데 중요한 무기가 되는 것은 분명하다. 그러나 작은 성공의 이면에는 숨겨진 날이 있다. 성공에의 도취, 자만심, 자신이 다른 이들과 다르다는 우월감 등이 바로 그것이다. 중국의 걸왕과 주왕, 백제의 의자왕을 비롯한 수많은 왕이 초기의 작은 성공에 도취되어 바로 이 '숨은 날'을 보지 못했고, 그 숨겨진 날이 결정적인 순간에 자신의 목을 파고든 것이다.

'사장병' 역시 마찬가지다. 사업을 시작하고 초반에 승승장구한 수많은 이 땅의 사장들을 실패의 장막 뒤편으로 끌고 간 치명적인 질병인 사장병 역시, 중국과 우리나라의 수많은 황제와 왕을 패망의 길로 몰고 간 '작은 성공에 숨겨진 칼날'의 다른 모습이었다.

사업을 시작한 이들 중 자신의 일을 잘하지 못하거나, 자기 자신에 대해 믿음이 없는 상태에서 창업한 이들은 많지 않을 것이다. 대부분이 자신의 영역에서 뛰어난 성과를 내고, 그리하여 자신감이 넘치고, 그를 토대로 더 큰 성공을 거두기 위해 조직을 구성하고 기업을 창업하게 된다. 당연히 실력도 있고, 자신감도 있는 상태다. 마치 막 즉위한 과거 중국의 황제나 우리나라의 왕들처럼. 그런데 슬슬 자리를 잡기 시작하면 '사장병'이라는 숨겨진 칼날이 슬그머니 고개를 내민다. 그 모습은 다양하다.

'사장은 직원과 다른 존재이고, 그러니 조금은 다른 대접을 받아도 되지 않을까?'라는 생각으로 나타나기도 하고, '내가 사장인데 가오ゕぉ('얼굴'이라는 뜻의 일본어로, '체면'을 의미하는 속어로 흔히 쓰임)가 있지. 싸구려를 쓸 수 있나?' 하며 값비싼 집기류나 고급 승용차를 구매하는 것으로 나타나기도 하며, '사장이 직접 할 필요가 있나? 이런 것 정도는 아랫사람들이 알아서 해야지' 하고 점차 태만해지는 모습으로 나타나기도 한다. 어찌 되었든 사장병은 소리 소문 없이 다가와서 치명적인 상처를 남기고 만다. 이 사장병에 걸리는 경우가 사업을 시작하는 이들 중에서 의외로 많은데, 불행하게도 나 역시 피해 가지 못했다. 어린 시절에 피자집을 창업한 뒤 살짝 걸렸었는데 그때 항체가 만들어지지 못했는지, 야심차게 시작한 사업이 본궤도에 오르자마

자 언제 걸렸는지도 모르게 사장병이 들어앉아 버렸다.

그 시작은 느슨한 출근 시간이었다. 새벽형 인간까지는 아니더라도 아침이면 일정한 시간에 출근했는데 언제부터인가 출근 시간이 조금씩 늦어졌다. 느슨한 출퇴근은 일하는 방식에도 변화를 가져왔다. 영업할 때만큼은 이 한 번의 만남, 이 한 번의 상품 설명, 이 한 번의 설득이 내 인생에서 마지막인 듯 최선을 다하던 내가, 느끼지 못하는 사이에 조금씩 느슨해지고 있었다. 심지어 어느 때인가는 사무실에서 고객과 통화하면서 한 손에는 담배를 쥔 채 피우고 있는 게 아닌가. 그런 나 자신을 발견하고 깜짝 놀란 적도 있다.

그런 가운데 첫 달 매출이 괜찮게 나오고, 두 달째도 그럭저럭 실적이 괜찮으니 자만심은 더욱더 커져 갔다. 그럴듯한 회사처럼 보이고 싶어서 경리 직원도 한 명 뽑았다. 석 주를 놀다가 마지막 주가 되면 여기저기 나갈 비용 생각에 바짝 영업을 뛰어서 실적을 메꾸는 일의 연속이었다.

사업이 망가지고 있는데 여전히 마음속으로는 '내가 누구인데? 괜찮아, 잘될 거야' '내가 안 나서서 그렇지, 한번 맘먹고 나서면 금방 회복돼' 하는 식의 묘한 자신감만 팽배했다.

결국 힘들게 쌓아 올린 첫 회사는 두 번째 사장병과 함께 순식간에 허물어져 버렸다. 경리 업무를 맡기려고 뽑아 놓은 친구의 월급도 챙겨 주지 못할 지경에 이르러 해고할 수밖에 없었다. 너무나 쓰라린 경험이었다.

그러나 그 시간과 경험은 그저 쓰라린, 잊고 싶은 것으로만 남지는 않았다. 쓰리기는 했지만 새살이 돋아날 수 있는 좋은 기회가 되었다. 사장이라는 자리가 일반 직원에 비해 누릴 수 있는 것이 많은 자리인 만큼 책임져야 하는 것 또한 많다는 것을 뼈저리게 느낄 수 있었다. 내 몸과 마음에 스며들려고 호시탐탐 기회를 노리는 사장병을 물리치기 위한 내적 수양과 단단한 마음가짐에 대해 다시 한번 생각하는 계기가 되었다. 그로 인해 다시는 그런 몹쓸

병에 걸려들지 않도록 강한 백신을 맞는 기회가 되었다.

Many of life's failures are those
who didn't know how close they were to
success when they gave up.

많은 인생의 실패자들은 포기할 때
자신이 성공에 얼마나 가까이 있었는지 모른다.

– 토머스 에디슨Thomas Edison(1847~1931, 발명가)

차별화된 전략으로
독보적인 승리를 거두다

◇◇◇◇

몸에 좋은 약은 대부분 맛이 쓰다고 한다. 나무의 생장에 좋은 비료 역시 실제로 그 맛을 본 사람들 말에 따르면 쓴 맛이 이루 말할 수 없이 지독하다고 한다. '사장병'에 걸려 맛보았던 실패의 체험 역시 말로 표현할 수 없을 정도로 쓰고 아팠지만, 역설적으로 달콤한 성공을 체험하기 위한 좋은 약과 든든한 밑거름이 되었다.

사무실을 근근이 운영하며 사업을 이어 나가던 무렵,

경남 통영에 위치한 H 횟집 사장님이 지인의 소개를 받았다며 전화를 걸어 왔다. 자신의 가게에서 내는 음식 맛과 서비스에는 자신이 있는데 외지인들에게 이름이 잘 알려지지 않아 안타깝다며, 외지에서 통영으로 놀러 오는 이들이 인터넷에서 관광 정보를 검색하면 H 횟집에 대한 정보에 쉽게 접근할 수 있게 만들 방법이 없겠느냐는 문의였다.

예전의 나였다면 직원들에게 시켜서 방법을 알아보라고 했을 것이다. 그러나 독한 예방 주사를 두 대나 맞은 나는 예전의 내가 아니었다. 컴맹에 가까운 나였지만 주변 사람들의 도움을 받아, 의뢰받은 서비스를 제공할 방법을 직접 찾아보기 시작했다. 주요 포털 사이트에서 '통영' '횟집'은 물론 지역마다의 대표 음식을 종류별로 전부 검색하고 상위에 노출되는 음식점들의 특징을 분석하기 시작했다. 어떤 키워드를 통해, 어떤 형태로 노출되어야 검색 순위에서 상위에 오르는지를 파악하기 위해 상위에 노출되는 것들을 여러 개 모아 공통점을 분석해 나갔다. 때로는

1만 시간 자수성가의 비밀

엉뚱한 가설 탓에 배가 산으로 가는 일도 발생했지만, 며칠 밤을 꼬박 새우며 매달린 분석 작업 끝에 우리가 세운 가설이 맞아떨어졌음을 확인할 수 있었다. 그리고 이를 바탕으로 우리만의 새로운 로직을 만들어 냈을 때의 희열은 그간의 수고와 땀내 나는 인내를 다 잊게 해 주었다.

그렇게 새로운 온라인 마케팅 기법을 시장에 내놓을 수 있었다. 과거, 공중파 방송사나 주요 일간지 위주의 광고와 마케팅은 보기에는 그럴 듯하지만 실제 고객층에 대한 타기팅이 거의 불가능했다. 전쟁으로 비유하자면 초대형 B-52 전폭기를 띄워 대충 보이는 곳에 폭탄을 뿌려 대는 것과 비슷했다. 얼핏 보면 무시무시한 대규모 마케팅이지만, 실제 결과를 보면 개미 새끼 한 마리도 못 죽인 결과와 비슷한 광고 효과를 낼 때도 많았다. 반면, 우리가 개발한 온라인 검색어 마케팅 기법은 레이더에 걸리지 않고 빠르게 목표물에 접근해 타격을 가하고 돌아오는 B-2 스텔스 전폭기와 같았다. 고객들은 자신이 광고를 보고 있다는 사실을 채 인식하지 못하는 새에 우리에게 마케팅을 의뢰한 클라이언트의 브랜드나 제품, 서비스 정보에 집중적으로 노출되었다.

효과는 바로 나타났다. 전남 여수와 더불어 한국의 미항美港으로 꼽히며 새로운 관광 명소로 급부상한 통영을 찾는 관광객들이 관광 정보를 찾아보다가 자연스럽게 H 횟집에 대한 정보를 검색하게 되었다. 그리고 그 정보를 토대로 횟집을 찾아간 고객들은 사장님이 장담했던 '음식 맛'과 '서비스'에 매료되었고, 그 경험을 자신의 블로그에 언급하게 되었다. 그렇게 늘어난 H 횟집에 대한 정보량은 다시 검색어 노출에 힘을 실어 주면서 선순환 구조가 이루어졌다. 불과 몇 주 만에 H 횟집은 통영을 대표하는 맛집 중 한 곳으로 당당히 이름을 올리게 되었다.

한번 성공 체험을 하자 그 이후로 승승장구했다. G 병원 역시 초창기에 거둔 성공 체험 중 하나였다.

다들 알다시피 미용과 성형 수술 관련업은 전 세계에

서도 대한민국이 가장 경쟁력이 있는 것으로 정평이 나 있다. 한국 화장품은 한류 열풍에 힘입어 중국, 동남아시아는 물론 구미 각국으로 수출되고 있다. 성형 수술 역시 우리나라 의료진의 기술은 세계 최고 수준으로 평가받고 있다. 압구정동이나 신사동에 나가 보면 우리나라에서 성형 수술을 받기 위해 중국, 태국은 물론 저 멀리 중동이나 중앙아시아 국가에서까지 찾아온 미용 성형 관광객들을 어렵지 않게 만나 볼 수 있다. 그들을 유치하기 위해 강남의 성형외과 간판은 온통 영어와 중국어로 도배되어 있어 오히려 한국어 간판을 찾아보기가 더 힘들 정도다.

이러한 상황은 과거에 비해 미용 성형 업계에서 돈을 벌 기회가 훨씬 많아졌다는 것을 말해 주지만, 동시에 경쟁 역시 훨씬 더 치열해졌다는 것을 의미한다. 명동, 압구정동, 신사동 등지를 가면 건물 하나 건너 성형외과가 입주해 있고, 심한 경우에는 한 건물에서 예컨대 2층과 5층에 각기 다른 성형외과가 성업 중인 경우도 있다. 당연히 기존의 방식으로 마케팅을 해서는 규모와 브랜드로 밀어붙이는 대형 성형외과들을 이겨 낼 수가 없었다.

병원들은 진료와 수술 영역을 더욱 세분화해서 전문성을 강조하는 방향으로 전략을 바꿔야 했고, 그에 맞춰 마케팅 역시 더 세분화해서 타깃을 선정하고 집중적으로 쏟아붓는 방식으로 바꿔야 했다. 우리에게 의뢰한 G 병원 역시 여성들의 코를 더욱 아름답게 보이도록 하고, 남성들의 코는 좋은 관상으로 보이게 만드는 코 필러filler(충전제를 피부에 주입하여 주름을 펴거나 팽팽하게 만드는 미용 시술법의 하나) 전문 병원으로 문을 열었지만, 홍보와 마케팅에서 어려움을 겪고 있었다. '코 필러 전문 병원'이라는 차별화된 정체성을 '코 성형', 그것도 필러를 이용한 시술에 관심이 있는 수요자에게 정확하게 전달하기란 이만저만 어려운 일이 아니었다.

다시 한 번 전쟁에 비유하자면(이 비유 방법은 내가 생각해도 꽤 유효적절한 듯하다. 실제로 온라인 마케팅은 치열하기가 전쟁 이상이면 이상이지, 절대로 덜하지 않기 때문이다) 같은 민족, 같은 피부색의 사람들 중에서 테러 조직에 가담하거나 테러를 벌일 위험이 있어 보이는 이들만 쏙 골라내어 체포해야 하는 임무와 비슷했다. 테러분자들이 테러 의도를 감추는 것처럼 소비자들 역시 자신의 욕망을 철저하게 감춘다. 우리는 그 욕망을 알아내어 우리에게 필요한 타깃을 분류해 내고 그들에게 우리 고객사의 존재를 알려 구매로 이끌어야 했다.

이번에도 우리의 도전은 성공이었다. 당시 대부분의 병원에서는 마을버스 옆면에 필름 형태로 부착하는 광고물이나, 지하철 객차 내부에 부착하는 광고 정도만 시도하던 시기였다. 우리는 그에 비해 파급력이 더 커서 더 많은 소비자의 관심과 신뢰를 불러일으킬 수 있는 온라인 매체를 통한 광고 노출에 집중했다. 온라인상에서 필러 시술을 알아보는 소비자들은 실제 시술한 사람들의 이용 후기를 신뢰하고 서칭한다는 데 착안해서, 우리는 긍정적인 이용 후기들이 쉽게 눈에 띄도록 상위에 노출시켰다.

그러자 G 병원과 코 필러를 연관하여 검색하는 이들이 폭증했고, 코 성형 또는 코 필러를 검색하면 연관해서 G 병원이 자연스럽게 노출되었다. G 병원의 이름은 코 성형에 관심이 있는 실수요 고객들에게 정확하게 전달되었고, 이내 코 필러계에서 1위로 등극했다. 아직까지도 피부과 필러 시술계의 전설이 될 정도다. G 병원의 병원장은 우리 회사의 비즈니스 방식에 탄복해 그 후 이쪽 업계로 진출하기까지 했다.

그렇게, 치열했던 '이름값 전쟁'에서 나는 비교 대상이 없는 차별화된 성공을 만들어 내기 시작했다. 경쟁자들이 우리를 베껴 한 걸음 다가오면, 우리는 그보다 빠르게 우리 스스로를 혁신하여 두세 걸음 앞서가는 식으로 경쟁자들과의 격차를 유지하거나 더 벌려 나갔다.

그리고 그 무렵, 나는 또 다른 영역에서의 도전을 꿈꾸기 시작했다.

운과 타이밍 없이는 성공할 수 없다.
하지만 행동하지 않는 사람은 운과 타이밍
을 잡을 수 없다.

– 작자 미상

어느 곳에 사느냐가
당신의 삶을 결정한다

◇◇◇◇

1999년 이전까지만 해도 건설사 이름과 지역명을 붙여 '오금동 현대 2차' 하는 식으로 아파트 이름을 지을 때였다. 그런데 롯데건설은 발 빠르게 아파트에 브랜드를 도입했다. 동화 속 주인공의 이미지가 있는 모그룹의 이름과 어울리는 '롯데캐슬'이라는 브랜드로 아파트를 분양하기 시작한 것이다. 시장은 롯데의 새로운 시도를 환영했다. 그러나 성공의 기쁨은 채 2년을 가지 못했다.

2000년, 삼성물산이 '래미안来美安'이라는 브랜드로 시장에 뛰어들고, LG건설에서 이름을 바꾼 GS건설마저 '자이xi'라는 브랜드를 론칭하자 '롯데캐슬'은 후발 주자들에게 점차 밀리게 되었다. 삼성이라는 초우량 기업이 주는 이미지, 착실하게 준비해 온 GS건설의 내공에 롯데는 고전을 면치 못했다. 그랬던 롯데캐슬이 한 방에 상황을 역전시키는 사건이 있었으니, 그 시작은 광고 한 편에서 비롯되었다.

광고의 내용은 그저 그랬다. 긴 드레스를 입은 젊은 귀부인이 마치 궁전처럼 인테리어가 화려한 공간과 아름다운 정원을 거니는 장면을 보여 준다. 얼굴이 클로즈업 될 무렵 롯데캐슬 아파트와 로고가 오버랩이 되며 광고는 끝이 났다. 그러나 광고 속에 담긴 문구 하나가 예상을 뛰어넘는 엄청난 반향을 불러일으키면서, 이 광고는 그야말로 레전드Legend가 되었다.

"당신이 사는 곳이 당신이 누구인지 말해 줍니다."

어찌 보면 너무나도 당연한 이야기 같고, 또 어찌 곱씹어 보면 말도 안 되는 이야기 같은 이 광고 문구 하나가 2000년대 초반 우리나라 사회를 들썩이게 만들었다. 당연히 롯데캐슬은 엄청난 광고 효과를 누리며 다시금 브랜드 아파트 시장의 강자로 떠올랐다. 광고 하나가 회사를 살린 셈이다.

그런데 나 역시 조금은 다른 의미에서지만, 어찌 되었든 롯데캐슬의 광고 문구에 십분 동의하는 사람이다. 어느 곳에 사는지, 어느 공간에 있는지가 우리의 삶을 결정한다. 이는 단순히 좋은 집에 살아야 한다는 뜻이 아니다.

잠시 내 어린 시절을 되돌아보면, 나는 어릴 때 어느 집이든 한곳에서 진득하게 살아 보지를 못했다. 얼마나 자주 집을 옮겼는지, 동 행정 복지 센터(주민 센터)에 가서 내 주민등록초본을 떼어 보면 무려 세 장이 나온다. 그만큼 주소지가 자주 바뀌었다는 뜻이다. 늘 잠시 살다가 다른 집으로 이사를 가야 했다. 길어야 2년 살면 다른 집으로 이사를 가야 했고, 그 집에서 역시 채 2년을 채우지 못하고 또 이사를 가야 했다. 심지어 1년 만에 혹은 1년도 채우지 못하고 이사를 가야 했던 적도 있다. 그렇게 옮겨 간 집이라고 해 봐야 늘 다세대 주택 한편 또는 햇볕도 잘 들지 않는 반지하방 같은 곳이었다.

그러다가 처음으로 집다운 집에 살게 된 것이 화곡동에 있는 한 연립 주택이다. 그마저도 자가나 전세가 아닌 월세였지만…… 그래도 그전의 반지하방보다는 훨씬 좋았다. 그제야 사람 사는 집 같았다.

인터넷 마케팅 사업이 어느 정도 궤도에 올라서고 내일에 대해서도 자신감이 생겨날 무렵, 화곡동 집이 계약 만료가 될 즈음 형이 한 가지 제안을 했다. 김포로 이사를 가자는 것이었다. 김포에 신도시가 생기면서 아직 입주하지 않은 빈 아파트가 넘쳐날 때였다. 그 당시에는 화곡동에 있는 20평대 빌라의 월세가 김포에 신축한 48평대 아파트 월세와 거의 비슷했다. 형은 이왕 월세를 내고 살 거라면 조금이라도 좋은 환경에서 쾌적하게 살자고 했다. 형과 내가 조금씩 부담해서 월세를 감당하기로 하고 깨끗하고 넓은 새 아파트로 이사를 했다. 김포 신도시에 새로 지은 '오스타파라곤'이라는 아파트였다. 그런데…….

그곳에서 내 인생이 또 한 번 바뀌었다. 우리는 그냥 이사를 한 것이 아니었다. 삶의 영역을 새로운 세계로 완벽하게 이동한 것이다. 이사한 뒤, 하루하루가 행복의 연속이었다. 그때 나는 집이라는 곳이 갖는 의미를 새롭게 깨달았다. 힘겨운 하루 일과를 마친 뒤 잠깐 등만 붙였다가 다시 나서는 곳이었던 집이, 삶의 터전이자 생활에 필요한 에너지를 보충하는 충전소가 되어 주었다. 그제야 왜 사람들이 자신의 문패를 단 집 한 채를 마련하기 위해 아등바등 애를 쓰고, 엄청난 부를 일군 재벌들이 좋은 집터 하나 구하기 위해 재산을 쏟아붓는지 이해되었다.

이탈리아 북부에 위치한 도시 베네치아에 있는 페기 구겐하임Peggy Guggenheim 미술관에 유명한 작품 하나가 있다. 마우리치오 난누치Maurizio Nannucci라는 작가의 작품인데, 황토색의 벽면에 네온사인으로 만든 글자가 붙어 있는 현대미술품이다. 이 작품이 전 세계적인 인기를 끌게 된 것은 그 작품성 보다는 작품을 이루고 있는 글자의 조합, 즉 문장에 담긴 내용 때문이었다.

Changing Place, Changing Time,

Changing Thoughts, Changing Future

(공간이 바뀌면, 시간이 바뀌고, 생각이 바뀌고, 미래가 바뀐다)

우리말로 조금 더 풀어서 설명하자면, 사는 공간이 바뀌면 살아가는 삶의 시간들이 바뀌게 되고, 그러한 시간들이 바뀌면 생각이 바뀌게 되며, 생각의 바뀜은 곧 미래에 주어질 삶의 결과를 바꾼다는 뜻이다. 많은 사람이 이 글귀에 공감했고, 수많은 SNS를 통해 해당 작품의 사진이 퍼져 나갔으며, 온갖 파생 상품이 만들어지기도 했다.

나 역시 이 작품에 담긴 글귀에 십분 공감한다. 내 삶의 공간이 바뀌니 나를 둘러싼 모든 것, 심지어 내 내면에 담긴 생각까지도 바뀌는 것이 느껴졌다.

물론 대한민국, 특히 서울에서 사람이 살 만한 곳에 집 한 채, 사무실 한 칸 마련한다는 것이 쉬운 일은 아니다. 가끔 농담처럼 하는 이야기 중 현대에 접어들어 미국의 뉴욕과 대한민국의 서울은 단 한 번도 땅값이 이전보다 떨어진 적 없이 오르고 있다고 한다. 그런데 이 이야기는 사실이다. 이런 실정이니 그럴듯한 사업체를 경영하는 중견 기업가조차 자기 명의의 집 한 채 없이 남의 집에 세들어 사는 이들이 꽤 되고, 업계에서 내로라하는 성과를 자랑하는 탄탄한 업체조차도 남의 건물을 사옥으로 빌려 월세살이를 하는 경우가 다반사다.

현실이 이러하니 이 책의 독자들 중 대다수를 차지할

이 땅의 젊은이들에게 '사는 곳이 당신을 말해 준다' '어느 곳에 사느냐가 당신의 삶을 결정한다' '삶의 공간을 좀 더 쾌적하고 에너지를 축적할 수 있는 곳으로 바꿔라'는 말이 얼마나 허황되게 들릴지도 잘 안다. 나 역시 지금과 같은 쾌적한 삶의 공간에서 삶을 영위하게 된 지가 얼마 되지 않았으니 말이다.

그러나 내가 하고 싶은 말은 두 가지다. 우선, 나를 위한 최고의 삶의 공간을 만들어 내겠다는 꿈을 지속해서 꿔야 한다. 지금은 좁디좁은 옥탑방에 살면서 그 월세를 내기도 버거운 여건일지언정, 빠른 시일 내에 지금 사는 공간보다 더 나은 공간을 반드시 차지하고 말겠다는 생각을 버리지 말아야 한다. 내 터전에 대한 욕심이 곧 삶에 대한 의지와 열정의 원천 중 하나가 된다.

두 번째는 그러한 생각을 버리지 않는 가운데, 좀 더 현실적으로 현재 내가 머물고 있는 자리, 살고 있는 공간을 내 생활 여건에 맞춰 좀 더 쾌적하고 발전적인 공간으로 만드는 노력을 멈추지 말아야 한다. 기왕이면 공부하는 혹은 업무를 보는 책상을 효율적으로 재배치하자. 비록 방 한 칸이 전부라도 정리 정돈을 잘하고 침대 위치만 바꿔도 아침에 눈을 떴을 때 기분이 다르고, 하루가 달라지는 것을 느낄 것이다.

인생을 바꾸기 위해서 세 가지가 필요하다.
첫째, 어울리는 사람을 바꿀 것
둘째, 사는 공간을 바꿀 것
셋째, 생각을 바꿀 것
첫째와 둘째가 바뀐다면 셋째는 자연스럽게 변화된다. 그만큼 사는 공간은 중요하다.

   - 작자 미상

특별하지 않아도 성공할 수 있고,

성공하지 않아도 특별할 수 있다

평범한 곱창집
vs. 평범하지 않은 곱창집

◇◇◇◇

어느덧 사업이 일정 궤도에 올랐다. 내가 그리던 성공의 첫발은 뗀 셈이었다. 그렇게 발을 담그는 곳마다, 손을 대는 것마다 성공 스토리를 써 내려갔지만, 마음 한구석에 왠지 모를 아쉬움이 계속 남았다. 얼마 되지 않아 그 이유를 알 수 있었다. 남의 이름, 남의 상호, 남의 사업자명을 브랜드화하고 유명하게 만들어 주는 일을 하다 보니, 내 이름 또는 내 상호가 하나쯤은 유명해졌으면 좋겠다는 욕심이 생긴 것이다. 그 바람이 욕심만은 아니었다. 부침이 심한 광고 사업이 자칫 힘들어질 때를 대비해서 다른 영역의 사업체를 하나 정도는 운영해야겠다는 실리적인 필요성도 있었다.

그저 널리 알려져 명성을 떨치는 것이 아니라 진정 실력을 인정받아 사람들의 입에 즐겁고 긍정적인 의미로 오르내리는 '이름'을 갖고 싶다는 욕심. 욕심과 욕망은 무언가를 하고자 하는 의욕을 낳고, 의욕은 실행력과 추진력을 가져온다. '내가 만든 이름을 단, 내가 하고 싶은 방식의 사업을 한번 해 보자'고 마음먹자마자 일은 일사천리로 진행되었다.

내가 생각한 아이템은 곱창이었다. 광고 회사를 운영하며 수많은 자영업자를 마케팅해 주면서 느낀 것이 있었다. 모든 음식에는 유행이 있다. 사람들은 취향 따라 다양한 음식점을 선택하는 것 같지만 시기별로 고급 양식당, 저가의 고기 뷔페, 회전 초밥, 매운 중국요리 등 트렌드를 좇아 이리저리 몰리는 경향이 있다. 이 유행의 흐름을 타지 않고 남녀노소 모두에게 꾸준하게 사랑받는 아이템을 찾다 보니, 도달한 결론이 곱창이었다. 곱창은 매출이 급격하게 하락하거나 시기에 따라 바닥을 치는 일이 없는 전반적으로 안정적인 매출을 내는 아이템이었다. 처음에는 막연히 일단 내게 익숙한 한식 종류를 다루는 식당을 해야겠다고 생각한 것이 조금 좁혀져 고깃집으로 방향을 잡게 되었고, 고깃집 중에서도 곱창집으로 생각이 좁혀졌다. 그중에서도 돼지 곱창이 소 곱창에 비해 공급이 원활하고 가격대가 훨씬 저렴해 대중성이 있었다. 반면, 돼지 곱창은 소 곱창에 비해 재료를 손질하고 냄새를 잡는 일이 까다로워 돼지 곱창집은 드물었다. 그러니 오히려 잘만 준비하면 전망이 충분히 긍정적이라고 볼 수 있었다.

식당 운영에 대한 분명한 철학과 목표, 새로운 마케팅 계획을 세우고, 남다른 품질과 서비스를 제공한다면 분명히 고객들의 눈과 귀, 입과 코를 사로잡을 수 있을 것이라는 자신감이 생겼다. 그렇게 곱창집을 시작하기로 마음먹은 지 몇 달이 지난 2013년 6월, 만반의 준비를 갖추고 부야스곱창 1호점을 홍대 근처에 오픈했다.

"저게 뭐야? 프랑스 말인가?"

"아냐, 스페인 말 같은데?"

간판을 보는 사람마다 온갖 상상을 하고 의문을 품게 만든 상호의 뜻은 '부들부들 야들야들 스읍―'의 준말이다. 대부분 그 뜻을 알려 주면 실소를 금치 못했는데, 나는 설명을 들어도 잘 이해되지 않는 거창하고 고상한 뜻을 담기보다는 누구나 쉽게 발음할 수 있으면서 우리가 곱창을 먹을 때 바라는 식감을 표현하는 문구이기를 바랐다. 여기에 다소 이국적인 느낌을 주어서 손님들의 호기심을 유발하는 그런 이름을 상호로 쓰고 싶었다. '부야스'는 그런 니즈에 걸맞은 상호였다.

식당은 무엇보다도 맛이 중요하다. 그것도 한 번 맛있는 것에서 그치지 않고, 그 맛이 꾸준히 유지되어야 한다.

따라서 주방은 반드시 믿을 만한 사람에게 맡겨야 했다. 다행히 그런 사람을 찾을 수 있었다. 군대에서 취사병으로 복무할 때 함께했던 선임병이 있었다. 후임이면서도 나이는 한 살 많은 나 때문에 몸 고생, 마음고생 꽤나 했는데도 늘 사람 좋은 모습으로 대해 주던, 품이 넉넉한 사람이었다. 음식 솜씨부터 주방을 깔끔하게 관리하는 모습까지 내 마음에 쏙 들었다. 그에게 연락해 함께 일해 보지 않겠느냐고 물었고, 그는 흔쾌히 부야스곱창의 1호 주방장으로 합류해 주었다.

그다음으로 착수한 작업이 '평범하지 않은 곱창' '평범하지 않은 곱창집'을 만드는 일이었다.

곱창은 어디서나 쉽게 먹을 수 있는 음식이다. 그럼에도 손님들이 일부러 부야스곱창을 찾아오도록 만들려면 '평범한 곱창'이 아니라 '평범하지 않은 곱창'을, '그냥 곱창집'이 아니라 '부야스곱창'에서만 파는 것이 중요했다.

그렇게 마음먹은 다음 날부터 '냄새와의 전쟁'이 시작되었다. 돼지를 포함한 모든 짐승의 내장은 특유의 냄새를 지니고 있다. 그래서 곱창을 잘 먹지 못하는 이들에게 그 이유를 물어보면 열에 아홉은 '하수구 냄새 같은 역한 냄새 때문'이라고 대답하는 것이다. 그러나 그 냄새만 성공적으로 제거하면 곱창은 최상의 식재료로 거듭난다.

부야스곱창의 창업을 준비하면서 나는 무슨 일이 있어도 그 '냄새'만큼은 반드시 잡고야 말겠다고 다짐했다. 우선 원료가 되는 곱창을 최상의 것으로 준비했다. 곱창의 냄새는 도축한 뒤 걸리는 시간에 비례한다. 싱싱하지 않거나 제대로 세척하지 않은 곱창에서는 무슨 수를 쓰더라도 냄새가 나게 되어 있다. 나는 최대한 갓 도축한 싱싱한 돼지 곱창을 제공할 수 있는 거래처를 찾기 위해 엄청나게 발품을 팔았다. 그 결과 내 맘에 쏙 드는, 싱싱하고 깨끗한 곱창을 납품해 줄 수 있는 사장님을 만날 수 있었다.

거기에 우리만의 비법 양념을 개발해 살짝 덧입혔다.

재료가 신선하지 않아 잡내가 나면 그것을 가리기 위해 여러 가지 양념을 섞고 독한 향신료를 쓰게 마련이다. 음식이 잘 상하는 동남아시아나 서아시아 국가에서 향신료 문화가 발달한 것만 보아도 알 수 있다. 그러나 재료가 좋으면 본연의 맛을 극대화하는 데 필요한 것만 사용하고 그 외 양념은 최소화하는 것이 맛을 내는 비결이다. 부야스가 납품받기로 한 곱창의 품질이 워낙 좋았기에, 우리는 특별한 무언가를 더 넣기보다는 꼭 필요한 양념만으로 곱창의 맛을 극대화시켰다. 물론 숱한 개발 과정을 거쳐 몇몇 비장의 양념 재료를 새롭게 발굴하기는 했지만, 나머지 재료는 일반 가정집에도 흔히 있는 양념류였다. 그리고 매콤한 양념 소스에 특별한 무언가를 하나만 더하자는 생각에, 매운 음식과 잘 어울리는 마요네즈를 곁들여 내어서 함께 깻잎에 싸 먹을 수 있도록 했다.

'평범하지 않은 곱창'이 준비가 되었으니, 이번에는 '평범하지 않은 곱창집'으로 꾸밀 차례였다. 우리가 내세운 콘

셉트는 '곱창집 같지 않은 곱창집'이었다. 그것을 바탕으로 모든 인테리어가 정해졌고, 마케팅 포인트가 설정되었다.

곱창집 하면 흔히 떠오르는 모습이 있다. 여기저기 페인트칠이 벗겨진 실내, 안정기가 고장 났는지 자꾸 깜빡이는 형광등, 천장에는 언제 튀었는지 모를 기름때가 덕지덕지 끼었고, 그 아래 드럼통을 개조한 식탁이 아무렇게나 놓여 있다. 곱창 굽느라 연신 피어나는 자욱한 연기를 헤치고 들어서면 주인장은 손님이 들어왔는지 나가는지 별 신경을 쓰지 않고, 그렇게 연기 속에서 전쟁을 치르듯 한참을 구워 먹고 나오면, 버스나 지하철을 도저히 탈 수 없을 정도로 몸에 곱창 기름 냄새가 쏙 배어 있다.

우리는 그걸 바꾸고 싶었다. 인테리어를 꾸미기 위해 이곳저곳을 벤치마킹하러 돌아다녔고, 국내외 여러 잡지를 섭렵했다. 그때 내가 아이디어를 얻기 위해 찾은 곳은 경쟁 곱창집이 아니라 뜻밖에도 럭셔리 호텔, 분위기 좋은 카페, 핫한 클럽이었다. '곱창집'이라는 정체성을 유지하고 곱창집을 찾는 고객들에게 친근감을 주기 위해 레트로 Retro하고 빈티지Vintage한 느낌을 살리되, 그 외에는 마치 강남 한복판의 카페 또는 홍대나 신촌의 클럽에 온 듯한 느낌을 주고자 했다. 칙칙한 형광등 조명 대신 아날로그한 전구로 은은한 주광색 감성을 내고 전체적인 분위기는 빈티지하게 꾸몄다.

　마시는 물 역시 물때가 낀 물통에 담은 냉수나 대용량 정수기에서 받아 놓은 비위생적인 물이 아닌 500밀리리터 단위로 포장된 생수를 제공했다.

　우리의 노력은 고객들에게 그대로 전달되었다. 특히 '젊은' '여성' 고객들이 열광해 주었다. 어떤 때는 내점한 고객의 80퍼센트 이상이 '젊은 여성'일 때도 있었다. 그런 고객들은 깔끔하고 경쾌한 분위기에서 신선하고 냄새가 나지 않는 곱창을 구우며 마치 파티장에 온 듯 먹고 마시고 즐겼다. 애써 광고하지 않아도 '홍대 한복판에 힙한 곱창집이 생겼다'는 소문은 금세 입에서 입으로 퍼져 나갔고,

이내 명소가 되었다. 가게 문을 열기도 전에 손님들이 줄을 서기 시작했고, 다른 음식점을 찾아가던 사람들까지 그 줄을 보고 호기심이 생겨 대열에 동참하기도 했다. 그렇게 맛있고 즐겁게 먹는 경험을 손님들이 지인에게 홍보하니, 계속해서 새 손님이 줄을 서는 선순환이 일어났다. 진정한 입소문을 타게 된 것이다. 모 공중파 TV에서 맛집으로 소개한 뒤로는 두세 시간 줄 서는 것은 기본이 되었고, 부야스곱창의 대기 줄이 너무 길어서 다른 식당의 입구까지 막을 지경이 돼 항의를 받는 일도 있을 정도였다.

그렇게 부야스곱창은 불과 석 달 만에 대한민국에서 손님이 가장 많고 유명한 곱창집 중 한 곳이 되었다.

It's not enough to do good things.

You have to let people know what you're

doing.

괜찮은 일을 하는 것만으로는 부족하다.

당신이 하고자 하는 일을

사람들이 알도록(알 만큼 탁월하게) 해야 한다.

– 필 나이트Philip Hampson Knight(1938~ , 나이키 창업자)

미쳐야
미친 짓을 하지 않는다?

◇◇◇◇

세상을 수놓은 많은 명언 중에서 내 마음을 사로잡은 말
이 있다.

"Insanity: doing the same thing over and over
again and expecting different results."
(미친 짓이란 매번 똑같은 행동을 반복하면서 다른 결과를 기대하
는 것이다.)

다소 거친 표현이지만, 내 평상시의 생각을 이처럼 정확하고 명쾌하게 표현해 주는 명언이 또 없는 것 같다.

모두가 성공을 꿈꾼다. 그러나 성공을 한 이는 극소수다. 꿈은 누구나 꿀 수 있다. 하지만 그 꿈을 실천에 옮기는 것은 극히 일부만 할 수 있다. 남다른 생각을 해야 남다른 행동을 할 수 있고, 남다른 행동을 해야 남다른 성공을 할 수 있다.

언젠가 전동 보드와 양탄자, 패널과 지지봉 등을 이용해서 길 위를 나는(?) 양탄자를 만들어 타고 다닌 적이 있다. 해당 내용을 내 유튜브 계정에도 올렸는데 꽤나 많은 사람이 영상을 보고, 댓글도 남기고, 공유도 하며 유쾌한 반응을 보여 주었다. 사실 처음에는 무슨 의도가 있다거나, 꼭 남들에게 보여 주어야겠다는 생각으로 시작한 일은 아니었다. 어쩌면 나 스스로 자존심을 내려놓기 위한 혼자만의 이벤트에 가까웠다. 많은 이가 유튜브 등 SNS를 하고 싶어 하지만 실제로 하지는 않는다. 여러 가지 이유가 있겠지만, 가장 큰 이유이면서 아무도 쉽사리 말하지 못하는 이유는 아마도 '부끄러워서'이지 않을까? 나 역시 창피한 것을 잘 참지 못하는 성격이라 유튜브를 해 보고 싶었지만 쉽게 시도하지 못했다. 이왕 시작하고서는 유튜브를 통해 다양한 모습을 보여 주고 싶었지만 역시나 창피함과 부끄러움을 핑계로 제대로 보여 주지 못한 부분이 많았다. 그러한 나를 내려놓기 위해서 한 시도로써 나는 전동 보드 위에 양탄자를 얹은 '마법의 양탄자'를 타고 나는 홍대 한복판을 누볐던 것이다.

그런데 사실, 이런 종류의 일들은 약간의 돈과 시간, 그리고 노력만 들이면 누구나 할 수 있다. 하지만 나는 했고, 다른 이들은 하지 않았다.

이처럼 사소하지만 사소하지 않은 행동에서 판가름이 난다. 내가 그걸 하게 된 데에는 사실 별 이유가 없었다. 그냥 해 보면 재미있을 것 같았고, 어렵지 않게 할 수 있을 것 같았다. 하지만 그걸 하지 않는 이들에게는 수백, 수천,

아니 시도하지 않은 사람의 숫자만큼이나 다양한 '할 수 없는 이유' '하지 말아야 할 까닭'이 존재한다.

'사람들이 이상하게 보지 않을까?'

'나하고 잘 안 맞을 것 같은데?'

'다른 일로도 바쁜데, 그런 것까지 할 시간이 있을까?'

무엇이든 새로운 시도를 할 기회가 우리에게 주어졌을 때 많은 사람이 해야 할 이유보다 하지 말아야 할 이유를 찾는 데 능하고 그걸 더 편하게 여기는 경향이 있다. 그 결과로 이전과 똑같은 것을, 똑같은 방식으로, 똑같이 한다. 그러면서 '남다른 성과' '특별한 결과'를 원하곤 한다. 앞서 소개한 명언을 빌리자면 '미친 짓'이다!

다시 곱창집 이야기로 돌아가서, 부야스곱창을 개업한 나와 우리 스태프는 기존의 곱창집과는 '다른 곱창집'을 손님들에게 선보이고 싶었다. 당연히 '다른 방식' '다른 모습'을 위해서는 '다른 시도'를 해야 했다.

우선, 손님들의 귀부터 다른 방식으로 사로잡았다. 음식을 먹기 전에 기분이 좋지 않으면 음식이 맛없게 느껴질 테고, 한번 떠난 고객은 다시 돌아오기 쉽지 않다. 곱창은 조리하는 데 소음이 많이 나는 음식이다. 일단 구울 때 나는 소리가 크고, 재료에서 배어나는 기름이 끓으면서 나는 파열음이 여기저기 테이블에서 한꺼번에 들리면 그 소리도 만만찮다. 조리하는 소리에 음악 소리가 섞이면 대화가 불가능할 정도로 실내가 소란스러워진다. 아무리 곱창이 소주나 맥주를 곁들여 가까운 이들끼리 왁자지껄 떠들며 먹는 음식이라 하더라도, 대화 자체가 곤란할 정도로 소란스러우면 곤란할 터였다. 그 때문에 곱창집에서는 음악을 틀거나, TV 볼륨을 많이 높이지 않는다. 곱창집 사장들이 경험으로 체득한 것이다.

그러나 우리는 발상을 뒤엎었다. 클럽에서 주로 사용

하는 빠르고 강력한 비트의 EDM 음악은 듣는 이를 흥분시켜 식욕을 돋우고, 무엇보다 즐겁고 신이 나게 만든다. 여기에 고기 기름이 불에 달궈지며 내는 파열음과도 어울려, 귀에 거슬리는 소음을 오히려 묘하게 잡아 주는 효과가 있었다. 일명 '화이트 노이즈' 효과가 발생하는 것이다. 우리 부야스에서는 클럽 음악에 맞춰 곱창을 먹을 수 있었다. 젊은 손님들은 그 음악 하나에 열광했다.

다음으로 입장을 기다리는 손님들을 위한 배려에도 신경을 썼다. 보통의 식당들은 번호표를 뽑고 대기에 들어간 손님은 '잡아 놓은 물고기'라고 생각해서인지 별다른 관심을 두지 않는 것이 일반적이다. 그러나 우리에게는 그 손님들이 가장 중요했다. 대기하는 동안 사진을 찍고, 설레는 마음으로 자신의 SNS에 글을 올려 주면 그것만으로도 엄청난 홍보 효과가 났다. 게다가 우리의 음식과 서비스에 만족해서 후속 글을 올려 주기라도 한다면, '엄청 오래 줄 서서 (기대해서) 들어갔는데' → '역시 기대했던 대로 맛있네요' 하는 식으로 한 편의 멋진 스토리텔링 광고가 만들어 지는 것이다.

다만 그러자면 그 대기하는 시간이 무료하지 않고, 즐 겁고 재미있고 설레도록 만들어야 했다. 나는 동기 부여가 필요할 때면 초심을 상기할 겸 군대에서 보았던 영화 〈행 복을 찾아서〉를 보곤 했다. 이때도 떠오른 것이 〈행복을 찾아서〉의 한 장면이었다. 주인공 크리스 가드너는 주식 중개인으로 취직하기 위해 증권사 중역을 열심히 따라다닌 다. 택시를 함께 타서도 가드너에게 눈길 한번 주지 않은 채 열심히 큐브를 맞추던 중역이 포기를 선언하려는 찰나, 가드너가 그 큐브를 달라고 해서 택시가 멈춰 서기 직전까 지 완벽하게 맞춰 낸다. 불행해도 이렇게 불행할 수 있을 까 싶었던 가드너의 삶에 조금씩 행운과 행복이 찾아들 기 미가 생겨나는 것을 암시하는 중요한 장면이다. 그 장면 에 착안해 자리가 나기를 기다리는 손님들에게 큐브를 제 공하고 맞추도록 했다. 단순히 큐브를 맞추는 것에 그치지 않고 한 면을 맞추면 음료 한 병을, 여섯 면을 모두 맞추면 곱창 1인분을 서비스로 주었다. 아주 간단한 것 같지만 이 이벤트를 '하는 것'과 '하지 않는 것'의 차이는 컸다.

손님들은 마치 놀이공원에서 놀이 기구를 타기 위해 줄을 서듯이 왁자지껄 웃으며 기꺼이 기다렸고, 대기 줄에 서서 일행끼리 경쟁적으로 큐브를 맞췄다. 지루할 틈이 없었다. 오히려 큐브를 다 맞추기 전에 자리가 날까 봐 조바심을 내기까지 했다. 그렇게 한 면 이상 큐브를 맞춘 손님들은 그것을 휴대폰으로 찍어 자신의 SNS에 올렸고, 그 사진 위치 태그에 '부야스곱창'이라는 상호가 자연스럽게 홍보되었다.

이처럼 내가 경영하고 있는 식당과 회사 등에서 시도한 많은 창의적인 일들을 접한 사람들은 늘 내게 묻는다. "어쩌면 그렇게 창의적인 아이디어가 많냐?"고. 그러나 사실, 우리가 했던 것 중 이제까지 세상에 없던 전혀 새로운 것은 없었다. 이미 존재하거나 다른 이들이 먼저 해 보았던,

혹은 비슷한 것이 이미 시장에 나와 있는 경우가 대부분이었다. 다만 우리는 그것을 조금 더 시대와 유행에 맞게 변형해서 과감하고 적극적으로 시도했던 것뿐이다.

'4차 산업 혁명 시대'니 'AI의 등장'이니 '대세가 된 밀레니얼 세대'니 하는 말이 유행하면서 '창의'와 '혁신'이 생존을 위한 핵심 요소로 등장한 지 꽤 되었다. 삼성전자나 LG전자처럼 세계적인 기업에 근무하는 직장인은 물론이고 대기업에 취업하기 위해 준비하는 대학생, 대학에 진학하기 위해 공부하는 고등학생들까지 '창의'와 '창조', '개선'과 '혁신'을 요구받는다.

그러나 내가 생각하는 '창의'와 '혁신'은 많은 이들이 생각하는 그것과 조금은 다르다. 나는 기본적으로 하늘 아래 새로운 것은 없다고 생각한다. 오늘날 우리의 아이디어나 우리가 생각해 내는 것들의 대부분은 인류가 기나긴 역사를 거쳐 오는 동안 이미 과거에 누군가 시도했거나 만들어 본 것이다. 다만, 시대를 너무 앞서가거나 한 끗 차이의 부족함이 있었을 뿐이다. 그리고 결과를 얻어 낼 때까지 치밀하고 치열하게 했느냐, 그러지 않았느냐에서 판가름이 난다고 생각한다. 나를 포함한 우리 팀은 이 세상에 없던 전혀 새로운 일을 하기보다 우리가 해 보고 싶은 일, 재미있겠다고 생각한 일들을 좀 더 적극적으로, 치열하게 시도하고 지금보다 조금이라도 다른 미래, 오늘보다 단 하나라도 더 나아진 내일을 만들어 가기 위해 노력했을 뿐이다.

그렇다. 세상을 바꾸는 거대한 변화, 놀라움을 선사하는 파괴적 혁신인지는 '조금 더'에 달려 있다.

What has been will be again,
what has been done will be done again.
there is nothing new under the sun.

지금 있는 것은 훗날 다시 있을 것이요,

이미 일어난 일은 훗날 다시 일어날 것이다.

태양 아래 새로운 것은 없다.

- 《성경》〈전도서〉1장 9절 中

나의 몸값은
누가 정해 주는가

◇◇◇◇

얼마 전, 모 프로 스포츠 선수 재계약과 관련한 뉴스를 본 적이 있다. 선수는 연봉 인상을 요구하는 반면 구단은 연봉 하향 조정 협의를 원했는데, 선수가 거세게 반발하면서 극심한 감정싸움이 벌어졌다는 내용이다. 결국 연봉 협상은 결렬되었고 구단은 그 선수를 방출하다시피 타 구단으로 임대해 버렸다. 고용자와 사용주의 갈등은 비단 프로 스포츠계만이 아니라 어느 분야에서든 다반사로 일어나니, 사업을 하는 나로서는 선수와 구단의 갈등이 남의 일로만 느껴지지 않았다. 여러분이 선수의 입장이라면 어떤 경우에 연봉을 올려 달라고 하겠는가? 또 구단 입장이라면 어떤 경우에 연봉 하향 조정을 요청하겠는가?

이 질문과 관련해 생각나는 친구가 있다. C 군은 내가 자주 가던 펍Pub에서 아르바이트생으로 근무하던 친구였다. 그의 일하는 모습과 손님을 대하는 태도가 마음에 들어서 스카우트 제의를 했고, C 군은 내가 운영하는 식당에 매니저로 근무하게 되었다. 내 딴에는 급여도 조금 더 챙겨 주고, 살 수 있는 방도 얻어 주었다. 그래 봐야 식당 매니저 급여라는 것이 대기업 직원 연봉에 비교할 수 있는 수준은 아니었다. 당시 우리 식당은 오픈하자마자 손님이 몰리고 하루 마감까지 모든 자리가 빌 틈이 없이 만석이었다. 그러니 직원들에게는 쉴 수 있는 시간도 부족하고 정신없는 근무의 연속이었다. 바쁜 식당에서 일해 본 이들은 잘 알겠지만 장사가 잘되는 식당에서 일하면 그렇지 않은 식당에서 근무하는 것보다 노동 강도가 훨씬 세다.

그럼에도 C 군의 표정은 항상 밝았다. 그 자신만 밝은 것이 아니었다. 함께 일하는 아르바이트생은 물론 주방에서 일하는 이들, 심지어 사장인 나조차 그와 얼굴을 마주치면 자연스럽게 웃음이 배어 나올 수밖에 없도록 하는 신기한 능력이 있었다. 마치 웃음과 긍정의 에너지를 우리에게 전염시키는 숙주와도 같았다.

그런데 C 군의 활약은 거기서 그치지 않았다. 매니저로 일한 지 여러 날이 지나 일이 어느 정도 손에 익을 무렵이 되자, 그는 새로운 도전에 들어갔다. 이른바 '손님들의 표정과 태도 읽기'를 시작한 것이다.

예를 들어 주문을 마친 손님이 일행과 대화를 나누다가 갑자기 말수가 적어지면서 주방을 뚫어지게 응시하면 손님은 '음식이 언제 나오나?' 하고 이상 신호를 보내는 거였다. 그럴 때 C 군은 재빠르게 손님의 표정과 대화 내용을 훑었다. 그리고 주문한 시간에 비해 음식이 늦게 나와서 지루하거나 조금은 불쾌한 감정이 들기 시작했다는 느낌이 들면, C 군은 손님이 부르지 않았는데도 그 테이블로 다가가 분위기에 따라 웃음으로 손님에게 공감을 표시하거나, 또는 매우 죄송한 표정으로 상황을 설명하는 스피치를 적절히 구사했다.

음식이라는 것이 그렇다. 음식을 먹기 전에 맛에 대한 평가가 이미 끝나는 경우가 많다. 음식을 먹기 전 소비자의 기분이 맛을 좌우하고, 그 가게를 다시 찾거나 주위 사람들에게 소개할 확률 중 50퍼센트를 차지한다. 요식업에 속하지만 서비스업이라고 해도 과언이 아닌 곳이 식당이다.

'진짜 인재는 일을 찾아서 한다'는 말이 있다. C 군이 딱 그런 '진짜 인재'였다. 그 모든 일을 C 군은 누가 시키지 않아도 스스로 나서서 했다. 이 친구로 인해 부야스곱창은 친절한 업소로 유명해지기 시작했고, 이 친구를 보겠다고 가게를 찾는 단골손님이 생길 정도였다. 그에 더해 자기 장사를 하던 몇몇 손님은 C 군을 자기 가게로 데려가고 싶어서 은근슬쩍 스카우트 제의를 하기도 했다.

당연히 오너인 내 입장에서는 어떻게 해서라도 이 친구를 꼭 붙잡아야 했다. 공식적으로 C 군만 월급을 올려 주자니 다른 직원이나 아르바이트생들이 반감을 가질 것 같았다. 같은 환경에서 근무하는 직원들은 대부분 일하는 능력이 서로 큰 차이가 없이 비슷하다고 생각하므로 어느 한 사람만 월급을 올려 주면 차별한다고 받아들이기 쉽다. 그렇다고 가게 일을 자기 일처럼 열심히 하는 직원을 모른 척하자니 마음이 불편했다. 그래서 하루는 영업을 마친 뒤 퇴근 준비를 하는 C 군을 넌지시 불렀다. 나는 다른 직원들에게 알리지 않고 C 군에게 급여를 인상해 주겠다고 말하고 별도로 보너스도 주었다.

C 군의 몸값은 누가 올렸을까? 고용주인 내가 올렸을까? 아니면 스카우트를 제의한 손님들이 올렸을까? 아니다. 뻔한 답이긴 하지만 C 군의 몸값은 그 자신이 올렸다. 그를 남과 다른 방식으로 일하게 만든 마음가짐과 그것이

드러난 태도가 그의 몸값을 올린 원동력이었다.

현대 자본주의 사회를 살아가는 이들이라면 누구나 같은 일을 하더라도 남들보다 더 많은 돈을 벌고 싶어 한다. 그러나 단언하건대, '같은 일을 같은 방식으로' 해서는 남들보다 한 푼이라도 더 많이 받기 어렵다. 다소 거친 표현이지만, 눈 먼 회사나 멍청한 상사를 만나지 않는 한 남과 같은 일을 같은 방식으로 하면서 더 많은 몸값을 받을 수는 없다. 아니, 받아서는 안 된다.

혹여라도 만일 자신이 남들과 같은 일을 남들과 같은 방식으로 하는데 남들보다 더 높은 몸값을 받고 있다면, 다행이라고 좋아할 것이 아니라 당장이라도 그 조직을 떠나야 한다. 그런 조직, 그런 상사 밑에서는 지금 당장이야 조금 편할 수 있지만 더 이상 발전할 가능성이 없다.

멀쩡한 회사와 멀쩡한 상사 밑에서 일하고 있다면, 그리고 더 많은 돈을 벌고 싶으면, 남과 다른 일을 하거나 같은 일을 남과 다른 방식으로 해야 한다. 남들은 꺼려 하는 어렵고 위험한 일을 하거나 같은 일을 하더라도 남들은 하지 않는 새로운 방식을 시도하거나, 새로운 방향에서 접근해서 그동안 그 일을 했던 다른 이들이 이뤄 내지 못한 남다른 성과를 내야, 비로소 남들과 다른 몸값이 내게 부여되는 것이다. C 군이 그랬듯이.

한때 유튜브에서 동영상 한 편이 사람들의 인기를 끌었다. 젊은 바이올리니스트가 남루한 차림으로 사람들이 분주하게 오가는 거리에서 연주하는 영상이었다. 그런데 영상에서 흘러나오는 음악이 예사롭지 않았다. 거리의 악사가 연주하기에는 난이도가 상당히 높은 연주곡들이었다. 프란츠 페터 슈베르트Franz Peter Schubert의 〈아베마리아〉로 시작해서 쥘 마스네Jules Massenet의 오페라 《타이스》에 나오는 〈명상곡〉과 마누엘 폰세Mauel Ponce의 〈에스트렐리타〉, 그리고 그 어렵다는 요한 제바스티안 바흐Johann Sebastian Bach의 〈무반주 바이올린을 위한 파르티나 2번〉 중 '샤콘'까지 무려 여섯 곡을 연달아 연주했다. 게다가 그가 손에 든 악기는 무려 350만 달러를 호가하는 명기 스트라디바리우스였다. 영상 속에 등장한 바이올리니스트는 뜻밖에도 흔한 거리의 악사가 아니라 조슈아 벨Joshua Bell 이라는 음악가였다.

조슈아 벨은 네 살 때 바이올린을 배우기 시작해 열네 살 때에는 거장 리카르도 무티Riccardo Muti가 이끄는 필라델피아 오케스트라와의 협연 무대를 펼쳐 세계를 놀라게한 연주자다. 4년 뒤인 열여덟 살 때 링컨센터에서 선정하는 권위 있는 상인 에버리 피셔 커리어 그랜트 상을 수상하는가 하면, 첫 단독 음반을 발매해 세계 클래식 음악계를 휩쓸었고, 2000년에는 《피플People》지의 '세계에서 가장 아름다운 50인'으로 선정되는 등 명실공히 미국은 물론 세계에서 가장 인기 있고 몸값이 비싼 음악가 중 한 명이었다. 그의 공연 개런티는 1분당 무려 1000달러를 상회하는 것으로 알려졌다.

그러나 이날 혼잡하기로 유명한 워싱턴 D.C.의 랑팡플

라자 지하철역에서 그가 45분간 공연하는 동안 그를 스쳐 지나간 이는 1097명에 달했으나, 음악 연주에 대한 보답으로 바이올린 케이스에 무심하게나마 동전을 던져 준 이는 27명에 불과했고, 그들이 지불한 총액은 겨우 32달러였다. 1분당 개런티가 1000달러를 훌쩍 넘는 그가 45분간 연주했음에도! 게다가 그 많은 사람 중 걸음을 멈추고 서서 잠시라도 음악을 들은 이는 단 7명에 불과했다. 나머지 1090명의 사람은 평상시 그렇게 환호하고 선망했으며, 무려 1년 전부터 기다려도 티켓을 겨우 구할 수 있을 만큼 유명한 클래식 음악계의 슈퍼스타가 눈앞에서 연주하고 있는데도 무심히 지나가 버린 것이다.

이 영상의 내막이 공개되자 많은 사람이 '조슈아 벨의 가치'를 몰라본 화면 속의 시민들을 비웃거나, '바쁜 현대인의 삭막함'을 꼬집거나, '진정한 아름다움의 가치'를 못 알아본 이들에게 비아냥을 쏟아 냈지만, 나는 조금 다른 생각이 들었다.

사실 사람들은 우리가 생각하는 것과 달리 다른 사람에 대해 관심이 없다. 다른 사람의 가치를 찾아내기 위해 수고를 기울일 만큼 시간적, 감정적 여유는 더더욱 없다. 자신의 상황을 우선시하고 흔히 상식이라고 여겨지는 것을 기준으로 판단하게 되어 있다. 현대인들이 삭막해서도, 본질적인 가치를 알아보지 못해서도 아니다. 바쁜 현대 생활에 적응하여 살아남기 위해 그렇게 바뀌어 간 것이다. 그럴 때 자신의 가치를 제대로 드러낼 책임은 가치를 인정받고 싶은 이에게 달려 있다.

　　만일 그가 낡고 지저분한 모자를 벗었다면, 연주자답게 말끔하게 차려입고 제대로 된 단상에 올라 연주했다면 아마도 사람들의 반응은 조금 달랐을 것이다(물론 타고난 청음력으로 조슈아 벨의 수준 높은 연주 실력을 간파하는 소수의 이들에게는 적용되지 않을 이야기지만……). 이날의 해프닝은 《워싱턴 포스트》사에서 특정한 목적 아래 대중의 반응을 실험하고자 마련한 몰래카메라였는데 나에게는 내 몸값에 대한 책임을 재인식하는 계기가 되었다.

　다시 한 번 명심할 것은 나의 몸값은 내 것이라는 점이다. 그 말은 내게 주어진 값어치라는 뜻도 되지만, 그 가치를 입증하고 적극적으로 타인에게 알려야 할 책임이 나에게 있다는 뜻도 된다. 그런 점에서 보면 C 군은 자신의 몸값을 올리는 것도 참 잘했지만, 자신이 그런 몸값을 받을 만한 존재임을 알리는 데에도 매우 능했다. 어느 날에는 갑자기 새벽에 카톡으로 연락이 왔다. 새벽 3시 무렵인데, '가게 마감한 뒤 (시키지도 않은) 냉장고 정리를 했다'며 보고를 해 온 것이다. 또 하루는 '챙겨야 할 손님이 있어서 서비스로 음료수를 제공했고 손님이 무척이나 좋아하셨다'며 보고하기도 했다. 굳이 보고를 하지 않아도 되는 사항이었지만 C 군은 그런 보고를 통해 자신을 적절하게 어필한 것이다. 사장으로서는 당연히 기특하지 않을 수 없고, 나중에라도 그에 대한 보상을 어떻게든 해 주어야겠다는 생각이 들 수밖에 없다.

그러고 보면 "왼손이 하는 일을 오른손이 모르게 하라"는 말은 오늘날에는 세상 물정 모르는 이들이 강조하는 도덕책 속 이야기 혹은 세상살이에 대한 얄팍한 지식밖에 없는 이들이 자주 하는 헛소리에 지나지 않는다. 나는 기회가 될 때마다 이렇게 말한다.

"'사장이 있을 때나 없을 때나 한결같이 잘하라'는 말처럼 이치에 맞지 않는 말이 또 없다. 이 말은 얄팍한 사장이 만들어 낸 말이 분명하다.
사장이 있을 때, 사장이 볼 때 잘해라. 사장이 있을 때도 잘하지 않으면 사장이 없을 때는 오죽하겠는가."

'소 잃고 외양간 고칠 생각을 하는' 몇몇 바보 같은 오너(아니, 소 잃고 외양간이라도 고치면 다행이다)를 제외하면 대부분의 경영자는 늘 머릿속으로 계산기를 두드린다. 어떤 직원을 데리고 있을 때 내가 얻을 수 있는 이득과 그가 나갔을 때 입게 될 손실, 나가려는 그를 붙잡아 두기 위해 추가적으로 지불해야 하는 보상과 그렇게 붙잡았을 때 그 직원이 내게 줄 수 있는 추가적인 이득. 그러한 계산을 거쳐 직원 한 사람 한 사람의 몸값을 결정한다.

그렇기에 냉정한 말로 들릴 수 있음에도 이렇게 강조할 수밖에 없다. 몸값을 확정하여 지불하는 것은 경영자이지만, 실제 그 몸값을 정하도록 만드는 것은 직원 자신이다.

Versuche nicht, ein erfolgreicher, sondern ein wertvoller Mensch zu werden.

성공한 사람이 되려 하기보다 가치 있는 사람이 되기 위해 노력하라.

– 알베르트 아인슈타인Albert Einstein(1879~1955, 독일의 물리학자)

거절은 당신 몫,
성취는 나의 몫입니다

◇◇◇◇

언젠가 방송인 김제동 씨가 강연하는 모습을 본 적이 있다. 다양한 주제로 여러 이야기를 했는데, 그중에서 인상 깊었던 것은 "좋아하는 사람에게 고백해도 될까요?"라는 질문에 대한 김제동 씨의 답이었다.

"고백하세요."

잠시의 머뭇거림도 없었다.

'고백하라.'

그런데 진짜 멋진 답은 그다음에 이어진 말이었다.

"먼저 고백하세요. 마음에 드는 사람을 만나면 '안녕하세요, 사랑합니다'라고 고백하세요. 그러면 대부분 거절할 겁니다. 당연하죠. 갑자기 좋아한다, 사귀자 그럴 때 '네, 그래요!'라고 이야기할 사람이 몇이나 되겠습니까? 우리가 정우성이나 조인성도 아니고. 그렇게 거절당하면 '네, 알겠습니다' 하고 뒤돌아서 가면 됩니다. 그런데 다들 고백은 못 하고 친구랑 라면 먹으면서 이러고 있어요. '나는 저 사람 없이는 못 산다' '아, 진작 고백하고 사귈걸'."

멋진 이야기는 계속된다.

"내가 고백하면 상대방은 고민을 하기 시작할 거예요. '저 사람이 왜 나한테 사랑한다고 말하지?' '내가 어떻게 보였기에 저 사람이 저런 생각을 하지?' 그런데 고백을 하지 않으면 내가 고민을 하게 돼요. 우리는 일단 고백하고 던져 놓는 거예요. 고민을 하는 것은 상대의 몫이고. 왜 시도해 보지도 않고 고민만 합니까?"

나 역시 이와 비슷한 이야기를 해 주고 싶다.

앞서 빚에 쪼들려 급전이 필요할 때, 나만의 방법으로 복조리를 팔아서 급한 불을 껐던 일화를 이야기했다. 처음 복조리를 팔겠다는 생각을 했을 때 주위 친구들에게 '함께 복조리 장사를 해 보지 않겠느냐'라고 물었었다. 그러나 돌아오는 대답은 모두가 같았다.

'그걸 누가 사냐?'

그중에 실제로 복조리를 팔아 보았거나, 아니 다른 물건이라도 식당이나 술집을 방문하며 팔아 본 친구는 단 한 사람도 없었다. 그럼에도 그들은 말이 끝나기가 무섭게 '안 된다'는 답부터 꺼내 들었다. 결국 나 혼자 복조리를 팔겠다고 나서야 했고, 나 혼자 팔았고, 나 혼자 돈을 벌었다. 친구들은? 여전히 생각나는 것마다, 떠오르는 아이디어마다 '그게 되겠어?'라는 말만 하며 아무것도 시도하지 않은 채, 돈을 벌어들이고 성공한 사람을 부러워하거나 질투하고 있을 뿐이다.

수십억을 호가하는 슈퍼 카, 서울에서 부산까지 달리는 KTX, 하늘을 나는 제트기 등 세상에는 온갖 빠른 것들이 있다. 그러나 그것들보다 훨씬 더 빠른 것이 있으니 기회, 그중에도 '돈을 벌 수 있는 기회'만큼 빠르게 움직이는 것을 나는 본 적이 없다. 우리 주위에 돈을 벌 수 있는 기회가 없는 것이 아니다. 점점 세상을 보는 눈이 트이고 나니 돈을 벌 수 있는 기회를 우리가 사는 세상 곳곳에서 발견할 수 있었다. 다만, 그 기회는 엄청난 속도로 움직이고 있다. 이 세상에서 저 세상으로, 이 지역에서 저 지역으로, 이 사람에서 저 사람에게로.

그렇게 빠르게 움직이는 기회를 나만의 기회로 붙잡기 위해서는 나 역시 빨라져야 했다. 성공한 사람들이 흔히 하는 말 중에 하나가 "저는 운과 타이밍이 좋았습니다"이다. 운과 타이밍은 매우 중요하지만 당신이 고민하고 머뭇거리는 사이에 순식간에 지나가고 만다.

생각이 떠오르면 빠르게 시도해야 한다. 시도해서 잃는

돈보다 시도하지 않아서 치르는 기회비용이 더 크다는 것을 명심하고, 아이디어가 떠오르면 곧바로 실천할 수 있는 방법을 연이어 궁리하고 주저 없이 실행하기 위해 노력해야 한다.

물론, 다소 성급한 판단과 시도로 실패한 적도 있었다. 꽤 많은 돈을 잃기도 했다. 그러나 적어도 그러한 시도의 과정에서 나는 돈보다 귀한 '경험치'라는 성과를 얻을 수 있었다.

누구나 실수를 한다. 그러나 실수에서 교훈을 얻어 같은 실수를 반복하지 않는 것이 중요하고, 생각을 행동으로 옮기는 것이 중요하다. 미국의 어느 연구 결과에 따르면 사람은 생각한 것을 48시간 안에 실행하지 않으면 실행 능력이 90퍼센트 이상 떨어진다고 한다. 생각이 없는 사람은 생각하는 사람을 이길 수 없고, 생각만 하는 사람은 행동하는 사람을 이길 수 없다. 무언가 얻고 싶은 게 있다면 사소한 일이라도 즉시 행동으로 옮겨라.

누구는 하지 말아야 할 이유, 안 되는 이유를 찾고 있을 때 실패를 하고 거절을 당하더라도 단 한 번의 시도라도 해 본 사람이 결국은 자신을 바꾸고 주변을 바꾸고 세상을 변화시킬 수 있다.

You don't have to be great to start,
but you have to start to be great.

시작하기 위해 위대해질 필요는 없지만
위대해지기 위해서는 시작해야 한다.

- 지그 지글러Hilary Hilton 'Zig' Ziglar(1926~2012, 미국 작가 겸 강연가)

싸움을 피할 수 없다면
두려움까지 걸어라

◇◇◇◇

많은 이가 나에게 승부사 기질이 있다고 하고, 싸우면 절대로 물러서지 않는 쌈닭 같은 이미지가 있다고 말하곤 한다. 그러나 나는 내가 그런 이미지를 가졌다고 생각하지도 않고, 그런 이미지로 보여야겠다고 마음먹은 적도 없다.

물론, 비즈니스 현장에 뛰어든 이후 어떠한 경쟁과 승부에서도 절대로 밀려나거나 패배하지 않으려고 숱한 노력을 해 온 것은 사실이다. 그렇다고 해서 매번 경쟁과 승부를 즐기거나 싸움을 먼저 거는 스타일은 아니다. 그런데 적어도 오랜 경험을 통해, 이길 필요가 있는 싸움에서 지거나 억울한 패배를 당하지 않을 방법 정도는 누구보다도 더 많이 터득한 것 같다. 그 얘기를 조금 해 볼까 한다.

어린 시절부터 집안의 삼촌이나 동네에서 싸움 좀 한다는 형들로부터 "싸움에서는 무조건 '선빵(먼저 한 대 치는 짓)'이 중요한 거야"라는 말을 숱하게 들었다. 살아 보니 틀린 이야기는 아닌 것 같다. 복싱이나 이종격투기 선수들의 시합이 아닌, 일반인들끼리 치고받는 싸움은 1~2분에서 길어야 수분 이내에 주먹과 발차기가 몇 차례 오가는 걸로 끝나는 경우가 대부분이다. 그런 싸움에서 첫 주먹 한 방이 미치는 효과는 그 후 수십 번의 주먹질과는 차원이 다르다. 타격에 의한 충격도 충격이지만 그보다 심리적으로 미치는 영향이 더 크기 때문이다.

그렇다. 싸움에서는 선빵이 중요하다. 그러나 내가 말하는 선빵은 그저 주먹을 누가 먼저 날리느냐를 말하는 것이 아니라, (기꺼이 싸움에 나서서 결과를 보고야 말겠다는) 싸움에 임하는 마음가짐을 뜻한다.

어린아이들이 싸우는 모습을 보았는가? 친구 때문에 부조리한 일을 당하거나 화나는 일이 생기면 아이들이 보이는 반응은 크게 세 가지로 나뉜다. 첫째, '싸워 봐야 내가 질 거야'라는 생각에 아예 꼬리를 내리고 본인의 화를 누르며 부조리나 불의에 순응한다. 둘째, 싸우기는 싸우되 '내가 질 거야'라는 마음 상태로 싸움에 나선다. 주먹을 뻗고 발길질은 하지만 뭔가 머뭇거림이 있고 행동에 어색함이 보인다. 상대 아이도 그런 분위기를 알아채는데 이는 곧 싸움에서의 기세 차이로 이어진다. 마지막으로는 어디 믿는 구석이 있는지 아니면 히든카드가 있기라도 한 건지, '내가 당연히 이기지'라는 생각으로 당당하게 싸움에 나선다. 그런 아이들은 비록 선빵을 못 날리고 잠시 수세에 몰리기도 하지만 어떻게 해서든 상황을 자신에게 유리한 국면으로 몰고 가는 데 탁월한 능력을 발휘한다.

1만 시간 자수성가의 비밀

성인들도 마찬가지다. 영국 출신의 문호이자 세계적인 작가인 윌리엄 셰익스피어William Shakespeare는 이렇게 말했다.

"싸움에는 항상 조심하라. 그러나 일단 휘말려 들었다면 상대가 (나를) 경계할 때까지 하라."

싸움은 가급적 하지 않는 것이 좋다. 그러나 자본주의 경제 구조의 아래 경쟁 사회에서 살아가기 위해서는 치열한 경쟁과 냉혹한 승부를 피할 수 없다. 그럴 때 셰익스피어가 말한 것처럼 "일단 휘말려 들었다면" 싸워 봐야 질 거라는 생각에 꼬리를 내리거나, 싸우긴 싸우되 마지못해 응하여 승기勝機를 잡을 기회를 다 놓치고 질질 끌려다니다가 참혹한 패배의 상처를 입기보다는, 적극적이고 집요하게 맞서서 내가 유리한 상황으로 상대를 유인해 원하는 것을 빠르게 얻어 내야 한다.

어른들 싸움에서 선빵은 그저 먼저 뻗는 주먹이 아니라, 환경과 상황을 기민하게 살피고 상대와 자신의 수준을 냉철하게 판단해서 문제 상황에 선제적으로 자신 있게 대응하는 것을 말한다. 그래야 내게 좀 더 유리한 상황에서 승부를 겨를 수 있으며, 상대가 미처 준비를 갖추기 전에 승부를 냄으로써 내가 입을 피해를 최대한 줄일 수 있는 것이다.

어린 시절, 신문을 구독하는 문제로 아버지와 배달하는 분들과 다투는 모습을 본 적이 있다. 어쩌다 보니 싸움이 커져서 아버지 혼자서 여러 사람과 다투게 되었다. 지금도 그렇지만 젊은 시절의 아버지는 체격이 왜소했다. 자신보다 덩치가 큰 사내, 그것도 여러 명과 붙은 다툼이었다. 승패는 보지 않아도 뻔했다.

그러나 아버지는 달랐다. 물러섬이 없었다. 한 녀석이 덤비면 그보다 두 배, 세 배, 아니 열 배는 더 강하게 되받

아쳤다. 패거리의 힘을 믿고 여러 명이 밀어붙이면 상대하는 입장에서는 겁을 먹거나 머뭇거리기 마련인데 아버지는 거침이 없었다. 이윽고 그 기세에 상대가 움찔하는 모습이 보이기 시작했다. 승패는 거기에서 갈렸다. 그날 비록 아버지도 대미지Damage를 입었지만, 난 아버지한테서 가족을 포함해 자신에게 주어진 모든 책임을 지려는 '강한 남자'의 모습을 보았다.

그때 이미 나는 셰익스피어가 말한 '싸움에 임하는 태도'에 대해 깨달았는지 모른다. 세상이라는 전장에서 우리는 원하건 원하지 않건 수많은 경쟁을 해야 하고, 몇몇 경쟁은 치열함이 지나쳐 다툼과 싸움으로 비화될 수 있다. 그런 때에 미리 기지를 발휘해 그런 상황을 피하거나 모면하면서도 내가 원하는 것을 얻을 수 있으면 가장 좋다. 우리가 병법서 등에서 흔히 읽다시피 싸움에서 최상의 고수가 하는 이른바 '싸우지 않고도 이기는 것'이다.

그러나 우리 삶에서 그런 경우는 그다지 많지 않다. 게

다가 우리가 그런 경지에 이를 가능성도 그다지 크지 않다. 결국 우리는 필연적으로 경쟁, 승부, 다툼, 싸움에 말려들 수밖에 없으며, 그럴 때 머뭇거리거나 자신이 질 거라 지레짐작하여 소극적으로 대하기보다는 자기 자신을 믿고 승부를 걸어야 한다.

몇 해 전, 우리나라에서 개봉해 1700만 명이라는 엄청난 관객을 극장으로 끌어모았던 영화 〈명량〉에는 이런 장면이 나온다. 강한 적(왜군)의 침략에 맞서 동이 트면 목숨을 건 결전을 치러야 하는 병사들이 두려움에 떨고 있자 충무공 이순신 장군이 말한다.

"만일 그 두려움을 용기로 바꿀 수만 있다면 말이다. 그 용기는 백 배, 천 배 큰 용기로 배가 되어 나타날 것이다."

실제로도 그렇다. 두려움에 휩싸여 '안 돼, 질 거야' '턱도 없지, 내가 감히 어떻게 이겨' '내가 그렇지 뭐, 되겠어?'

라며 떨고 있는 이들에게는 아무런 일도 일어나지 않는다. 아, 두려움보다 더 고통스럽고 쓰라린 패배의 아픔만이 있을 뿐이다. 그러나 두려움을 떨치고 '그래 까짓것 한번 해보자!' '뭐 안 되면 또다시 도전하면 되지!'라며 먼저 승부를 걸고, 싸움에서 유리한 고지를 차지하려고 적극적으로 나서는 이들은 달콤한 승리의 기쁨을 맛볼 가능성이 훨씬 크다. 또 승리하지 못한다 하더라도, 앉은자리에서 상대에게 당할 때보다는 상처가 훨씬 덜하다.

학창 시절에 "매도 먼저 맞는 놈이 낫다"는 말을 곧잘 들었다. 매를 앞에 서서 맞냐, 뒷줄로 가서 맞냐를 말하는 것이 아니다. 매 맞을 일이 있을 때 자기 순서가 되어서 끌려나가서 맞는 것과 자청하여 자신이 선택한 순서에 맞는 것에 차이가 있음을 말하는 것이다.

승부를 걸어야 할 기회가 보이는가? 한판 전투를 펼쳐야 할 경쟁자가 눈앞에 다가오고 있는가?

머뭇거리지 마라. 주저하지도 마라. 주먹을 굳게 쥐고

눈을 부릅떠라. 선빵이 중요하다!

Don't doubt yourself.
Where there is doubt, there is no place
to be sure.

자기 자신을 의심하지 마라.
의심이 있는 곳에는 확신이 설 자리가 없다.

-짐 론-Jim Rohn(1930~2009, 기업 철학가)

1만 시간 자수성가의 비밀

호랑이는 죽는다,
사람도 그렇다

세상에서
가장 위대한 계획

◇◇◇◇

2019년 제72회 칸영화제에서 대상 격인 황금종려상을 수상한 영화 〈기생충〉에는 다음과 같은 장면이 나온다.

극중 가장인 아빠 기택(송강호 분)은 아무런 계획이 없다. 통신비를 못 내서 전화가 끊기고 인터넷도 되지 않는 상황인데도 '계획(또는 대책)'을 묻는 아내의 물음에 아무런 답을 하지 못한다. 그러다 아들 기우(최우식 분)가 세운 계획에 따라 가족 모두가 엄청난 갑부인 박 사장(이선균 분)

의 집에서 저마다 일자리를 갖게 되지만, 계획에 없던 일들이 벌어지며 상황은 자꾸 꼬이고 만다. 이윽고 크나큰 파국을 앞두고 그것을 직감한 아들 기우와 딸 기정(박소담 분)이 불안에 떨고 있자, 아버지 기택은 영화가 시작된 이래 처음으로 무언가 거창한 비장의 계획이 있는 것처럼 말한다. 그러나 유일한 거처였던 반지하방이 때마침 내린 폭우에 침수되고, 기택 가족은 이재민이 되어 체육관에 기거하는 신세가 된다. 아들 기우는 아버지 기택에게 묻는다.

"아버지, 계획이 뭐예요?"

그러자 기택은 진지하게 답한다.

"무계획이 계획이다."

많은 관객이 이 장면에서 폭소를 터뜨린다. 또 어떤 이들은 아버지 기택의 뻔뻔스러움에 실소를 금치 못한다. 그런데 나는 이 장면, 이 대사에 마냥 웃을 수만은 없었다.

만일 함께 일하는 직원 누군가가 혹은 업계의 후배가 나에게 '사업을 시작할 때 정 대표님의 계획은 무엇이었습니까?'라거나 '사업을 구상할 때 대표님이 세운 전략 혹은 비전은 무엇입니까?'라고 물어 온다면 나 역시 기택처럼 대답할 수밖에 없을 것이기 때문이다.

사업을 시작할 때 성공에 대한 열망과 꼭 해내고야 말겠다는 의지는 가득했지만, 무언가 이루고야 말겠다는 거창한 비전이나 어떠한 방향으로 어떻게 해 나가겠다는 거시적인 전략 따위는 존재하지 않았다.

이상하게 들리지 모르지만 실제로 그랬다. 그런데 한번 생각해 보자. 한국을 대표하는 세계적인 축구 선수로 성장한 손흥민 선수가 현재 소속된 팀인 토트넘 홋스퍼에 입단하겠다는 계획을 딱 세우고 훈련에 매진했을까? 아니다. 그저 '세계적인 수준의 뛰어난 축구 선수가 되겠다'는 두루뭉술한 계획 아래 매 순간 최선을 다했고, 선택의 시기마다 최적의 선택을 하기 위해 노력한 결과 현재의 팀, 현재의 리그에서 뛰게 된 것이다.

성공한 수많은 경영자들의 경우도 마찬가지다. 그들에

게 명확한 목표는 있었지만, 그것을 달성하기 위한 정확하고 뚜렷한 길이 처음부터 정해져 있지는 않았다. 다만, 그들은 포기하지 않고 목표를 향해 다양한 방법으로 계속 매진했고, 그렇게 새로운 길을 찾아가며 목적지 가까운 곳까지 다다르게 된 것이다. 나 역시 그랬다. 성공에 대한 열망과 해내고 말겠다는 의지를 바탕으로 내게 닥친 상황에서 매번 최선의 길을 찾으려고 노력했고, 그 결과가 현재의 모습인 것이다.

향후의 계획 역시 마찬가지다. 강렬하게 하고 싶은 무언가는 있지만 그렇다 하더라도 그걸 어떤 방향으로, 어떤 일정에 맞춰, 누구와 어떻게 해 나가겠다는 구체적인 계획이 있지는 않다. 하지만 분명한 것은 하나 있다. 나는 무언가를 이뤄 왔고, 이루고 있으며, 앞으로 이루고야 말 것이다.

흔히 세상에는 세 부류의 사람들이 있다고 한다. '생각만 하는 사람' '생각한 다음에 실천으로 옮기는 사람', 그리고 '생각과 행동을 동시에 잘하는 사람'이 그것이다.

먼저, '생각만 하는 사람'. 역사적으로 보았을 때 이 부류에 똑똑하고 학식이 높은 사람이 많다. 왜군이 동래 포구 앞바다까지 쳐들어왔는데도 '누구를 시켜, 몇 명의 병사로 막을 것인지'를 두고 몇 시간째 논쟁을 벌였던 1592년도의 조선 대신들, 일본의 신식 군대가 제물포항에서 한성으로 진격해 오는데도 '청나라에 도움을 요청할지, 러시아에 도움을 요청할지'를 두고 서로를 비난했던 19세기 말의 대한제국 귀족들이 바로 그런 부류다.

이들은 배운 것도 많고 아는 것도 많다. 그러나 그러한 것들이 실제 현실과는 거리가 먼, 책 속의 이상과 이론이라는 것을 제대로 깨치지 못하고 세상의 이치를 모두 글 속의 진리에 가져다 맞추려 들거나 모든 것을 글로 설명할 수 있어야 한다고 믿는 부류다. 매사가 글(보고서)로 정리되어 있어야 하고, 규정과 절차가 세상에서 가장 중요하다고 절대적으로 신봉하는 이들 역시 이런 부류다. 그들이 세운 계획은 늘 원대하고 정교하며 심지어 아름답기까지 하다. 하지만 이뤄지는 것은 없다. 아무런 일도 일어나지 않는다. 그저 계획만 남을 뿐 이뤄 낸 일도, 만들어 낸 것도 없는 '종이 위의 인간'들이다.

두 번째로는 '생각한 다음에 실천으로 옮기는 사람'이다. 가장 많은 사람이 이 부류에 속한다. 무슨 일을 하려면 일단 계획을 세우고 그에 따라 행동한다. 어찌 보면 지극히 정상적이고 합리적인 방법이다. 그런데 경험해 본 이들은 알겠지만, 우리네 세상살이라는 것이 계획대로 되는 일이 별로 없다. 상황은 유동적이고 환경은 끊임없이 변한다. 당장 내 회사들과 식당만 하더라도 창업할 때 생각했던 사업 목표, 경영 환경과 실제 상황이 달랐다. 올 한 해만 해도 현재 상황이 연초에 예상한 매출 전망, 시장 상황과 다르다.

상황이 이러하니 기존에 세운 계획을 지킬 수도, 그걸 지키겠다고 고집을 부릴 수도 없다. 그렇다면 이제 계획을 수정해야 하는데, 계획에는 '신묘한 힘'이 있다. 한번 세워 놓은 계획은 일종의 도그마가 되어서 우리의 생각과 행동을 제약하는 일종의 족쇄가 되고 만다. 이는 꽤 긍정적인 효과를 발휘하기도 한다. 어린 시절 방학이 되면 마음껏 놀고 싶다가도 방학식 직전에 그려 놓은 '방학 생활 계획표'가 눈에 아른거려, 정해 놓은 시간 계획에 맞춰 방학 숙제 한 페이지라도 하고 놀아야 될 것 같은 생각이 든 경험이 있을 것이다. 눈에 보이게 세워 놓은 계획이 눈에 보이지 않는 영향력을 발휘한다. 가시적인 계획은 무분별해질 수 있는 우리의 행동을 가다듬는 가이드라인이 되어 주는 경우가 분명 있다.

그러나 반대로 이미 확고하게 정해 놓은 계획이 창의적인 도전을 막고, 융통성 있는 대처를 방해하며, 새로운 시도를 포기하도록 만드는 원인이 되기도 한다. 곧바로 대처하여 실천에 옮기면 되는데도 '이게 원래 우리의 계획에 있는 건가?' '우리 계획 방향과 맞는 일인가?'를 묻고 따지다가

적기를 놓쳐 기회를 잃고 마는 경우가 빈번하게 벌어진다.

마지막으로 '생각과 행동을 적절하게 하는 사람'이다. 최근 들어 세계적으로 주요한 분야에서 탁월한 성과를 이뤄 내는 사람들 대다수가 이 부류에 속한다. 그들에게는 물론 계획이 있다. 그런데 그 계획은 일반인의 눈으로 보면 두루뭉술하고, 어떤 때 보면 다소 허황되거나 어설프기 그지없는 경우가 많다. 그러나 그들은 그러한 계획을 토대로 매 상황마다, 순간순간마다 기민하게 대처하여 놀랍도록 대단한 성과를 만들어 낸다.

지금은 수십조 원의 시가총액을 자랑하는 글로벌 기업을 일궈 낸 미국의 한 사업가가 자신의 사업 계획이라고 세웠던 것이 식당에서 무료로 제공하는 냅킨의 한구석에 펜으로 쓱쓱 그린 다섯 개의 단어였다는 얘기가 한때 유머처럼 인터넷상에 떠돌았다. 그러나 그 이야기는 실제였다. 넷스케이프와 실리콘 그래픽스를 창업해 세계 인터넷 브라우저 서비스 시장을 석권했던 제임스 클라크James H.

Clark 회장은 복잡하고 열악한 미국 의료 보험 체계를 보완하고, 세계인들에게 새로운 형태의 온라인 의료 서비스를 제공하겠다는 원대한 포부를 갖고 '헬시온'이라는 기업을 창업했다. 그러나 그가 헬시온을 창업하며 내세운 사업의 비전, 경영 목표, 운영 계획은 겨우 냅킨 한 장에 적은 다이아몬드 그림과 글자 몇 개가 전부였다.

그 대신 그의 실천력은 돋보였다. 그는 정확히 3개월 만에 냅킨에 그린 다이아몬드와 같은 사업 구조를 만들어 냈으며, 다섯 개의 글자를 자신들의 핵심 역량으로 갖춰 나갔다. 물론, 그 사이 의료 관련 규제와 법들이 바뀌었으며 시장 상황도 돌변했다. 그러나 클라크 회장은 또 그에 맞춰 계획을 조금씩 바꿔 나갔다.

'계획 ― 실천 ― 결과 분석 ― (수정한) 계획 ― (재)실천 ― 중간 결과 분석 ― (다시 수정 보완한) 계획 ― (지속적인) 실천 ― 분석'으로 이어지는, 마치 끝없는 릴레이 경기 같은 과정을 통해 그들은 자신들이 '진짜 원하는 것' 그리고 새로운 미래와 더 나은 세상을 이루기 위해 노력했다. 그런 의미에서 나는 '계획이 없었고, 계획이 없으며, 계획이 없을 것이다'라고 말하는 것이다.

물론, 나 역시 '계획'이라는 것이 있다. 계획이 없다는 것은 사실 말이 안 된다. 그러나 거창하고 추상적인 계획에 발이 묶여 제때 해야 할 일을 못 하고, 하지 말아야 할 일을 억지로 하는 잘못을 범하고 싶지 않다. 그 때문에 확고불변의, 파워포인트 화면이나 출력한 종이 위에서만 겨우 생명력을 얻는 그런 계획보다는 작지만 실천 가능한 계획 중심으로 일단 실천하고 행동하며, 그 결과 오류나 수정해야 할 부분이 보이면 즉각 수정해서 다시 새롭게 시도해 보고, 바꿔야 할 부분이 또 있으면 그것을 다시 계획에 반영하는 작업을 계속해 오고 있다.

모르는 사람이 보면 '왜 정찬영 대표는 거창한 계획을 말해 주지 않는 거예요?'라고 물을 수도 있다. 그러나 '거창한 계획'은 내 입에 담을 수 없다. 우리의 삶을 바꾸고,

이 세상을 변화시키는 진짜 거창한 계획은 날마다 실행하고, 실천하는 내 삶 속에, 내가 일궈 내는 그 일 속에만 존재한다. 그러한 일과 삶이 바로 '거창한 계획' 그 자체다.

Long-range planning does not deal
with the future decisions, but with the
future of present decisions.

계획이란 미래에 할 일을 결정하는 것이 아니라,

미래를 위해 현재 할 일을 결정하는 것이다.

– 피터 드러커Peter Ferdinand Drucker(1909~2005, 미국의 경영학자)

아버지의 이름으로,
어머니의 눈빛 아래

◇◇◇◇

우리나라에서는 1994년 봄에 개봉해, 관객은 그렇게 많이 끌어모으지는 못했지만 평단의 호평을 받으며 화제가 되었던 영화가 있다. 영국의 명배우 대니얼 데이루이스Daniel Day-Lewis와 피트 포슬스웨이트Pete Postlethwaite가 주연을 맡은 〈아버지의 이름으로〉라는 영화다. 사실, 출연하는 배우들의 이름값에 비해 영화가 그렇게 대단한 흥행을 한 것은 아니었다. 그러나 많은 사람이 이 영화의 제목만큼은 알고 있고, 20년도 훌쩍 지난 지금까지도 이 영화의 제목은 여러 방식으로 활용되고 있다. 아마도 나를 포함한 많은 아들들에게 '아버지'란 그런 존재이기 때문이 아닐까…….

나의 아버지는 이른바 '무소유'가 삶의 원칙인 분이셨다. 살다 보면 돈이란 있다가도 없고, 없다가도 있는 것이니 현재 내가 돈이 많다고 뽐내거나 자랑할 필요도 없고, 내게 돈이 없다고 좌절하거나 괴로워할 필요도 없다는 것이 아버지의 생각이었다. 나한테 있다고 해서 다 내 것이 아니니, 내 손에 쥔 것을 다 써 버리려고 안달하거나 손에 쥔 것이 없다고 허탈해하지 말고, 있으면 있는 대로 없으면 없는 대로 살자는 주의였다.

그러다 보니 이렇다 할 재산을 모으지도 못하셨고, 당연히 내게 물려주신 재산도 없었다. 몇 해 전부터 흙수저니 금수저니 하는 말이 유행인데 나는 거의 맨손 수저—인도 사람처럼 수저 없이 맨손으로 밥을 먹는—수준에 가까웠다. 그러나 다시 생각해 보면 나는 너무나 많은 것을 물려받았다. 아버지가 경제적으로 물려주신 것은 거의 없었지만 그보다 더 큰 것을 물려주셨다. 그래서 감히 내가 이룬 현재의 성과를 '아버지의 이름으로' 이루었다고 말하고 싶다.

아버지는 당신의 삶에만 무소유, 낙관주의를 실천하신 것이 아니었다. 자식들에 대해서도 역시 무소유, 낙관주의를 적극 실천하셨다.

흔히 한국의 부모들을 일컬어 '인류 역사상 최고의 매니저'라고 한다. 그도 그럴 것이 아이를 갖기 전부터 출산 준비에 들어가, 열 달 내내 태교에 힘쓰다가, 태어나기가 무섭게 본격적으로 교육에 들어간다. 아직 눈도 제대로 못 뜨는 아이인데도 이미 유치원 예비 순번으로 등록을 하고, 유치원에 가서는 초등학교, 초등학교에 가서는 중고등학교, 중고등학교에 가서는 대학교를 어디로 갈지 신경을 쓴다. 대학을 보냈다고 끝이 아니다. 대학을 마치고 어디에 취직할지를 부모가 함께 고민하고, 취업이 되면 누구와 결혼시킬지 상대를 찾고 또 찾는다. 결혼하면 끝? 아니다. 손주들 출산을 걱정하고, 손주가 태어나면 다시 손주의 부모이자 자신의 자식들과 함께 손주의 육아를 고민하는 무한 루프에 빠져든다.

그런 부모들은 영화 〈트루먼 쇼〉에 나오는 주인공의 수많은 주변 인물과 같다. 영화에서 리얼리티 TV 쇼의 주인공인 트루먼(짐 캐리 분)을 세상(실제로는 거대한 스튜디오) 밖으로 나가지 못하게 하기 위해 주변 인물들은 끊임없이 세상 밖이 얼마나 위험하며, 가 봐야 얼마나 별 볼 일 없는 곳인지를 반복적으로 주입하고 세뇌한다. 어쩌면 우리네 부모님들 대부분이 그와 비슷한 모습이 아닐까 싶다. 자기의 걱정, 불안 등을 자녀에게 투사해 '내 말만 잘 들으면 돼' '정해진 대로 해' '그런 건 해 봐야 소용없어'를 강요하곤 한다.

이러한 한국적 정서에 비춰 본다면, 나의 아버지는 거

의 방관에 가깝도록 우리 형제를 풀어놓으셨다. 뭔가 하고 싶은 일이 있어 넌지시 뜻을 내비치면 이런 대답이 고작이었다.

"응, 하고 싶으면 해."

내 기억에 '하지 마'라거나 '그딴 걸 왜 하려고 그래?' '쓸데없는 소리 하지 말고 공부나 해!' 같은 말을 한 번도 들어 본 적이 없다. 그런데 거기에 아버지의 깊은 뜻이 담겨 있었다. 어렸을 때부터 착실하고 공부를 참 잘했던 형과 달리 나는 들판을 달리는 야생마 같았다. 그런 내게 아버지가 다른 부모들처럼 '하지 마'를 입에 달고 훈계를 늘어놓으셨다면 아마도 나는 더 엇나갔을지 모른다. 그러나 아버지는 간섭하고 싶은 마음을 속으로 삭이시는지 내게 무한의 자율을 부여해 주셨고, 그를 통해 나는 일단 떠오른 생각을 실행으로 옮기는 과감한 실행력과 내가 하고자한 일을 전적으로 도맡아서 끝까지 행하는 책임감과 주도성을 배울 수 있었다.

물론 아버지가 내게 그러지 말라고 한 일도 있었지만 그런 경우는 많지 않았다. 아버지가 크게 화내신 적이 내 기억으로 한 세 번밖에 없었던 것 같다. 그 세 번 모두 성적이 좋지 않다거나 집의 유리창을 깼다거나 하는 일이 아니라 '인간다운 도리'를 하지 못한 일에 대해서였다. 아버지는 다른 부분에 대해서는 관대하셨지만 내가 형에게 예의 없이 굴거나 어른들에게 버르장머리 없이 구는 것에 대해서는 관용을 베풀지 않으셨다. 크게 세 번 혼난 일 역시 그런 점에서 잘못했을 때였다.

한번은 내가 형한테 무척 버릇없이 굴었던 적이 있다. 그 모습을 먼발치에서 바라보던 아버지가 내게 매를 드셨다. 평상시에 큰소리 한번 내는 법이 없으셨기에, 그 모습이 무척이나 놀라우면서도 무서웠던 기억이 있다. 그날 밤, 매 맞아서 상처가 생긴 부위를 누군가 매만지는 촉감이 잠결에 느껴졌다. 아버지였다. 마치 드라마의 한 장면처럼 아버지는 '잘되라고' 매를 때린 아들의 살에 튼 상처가 못내 마음이 쓰여 약을 발라 주신 것이었다.

물론, 그때의 기억을 얘기하면 아버지는 "그래? 그런 일이 있었어?"라며 능청스럽게 모르는 척을 하신다. 그러나 이 아들은 똑똑하게 기억하고 있다. 그리고 감사하고 있다. 남들보다 더 공부를 잘하라고 학원으로 등 떠밀거나 성적이 떨어졌다고 혼을 내지는 않으셨지만, 그보다 더 중요한 인간 됨됨이를 갖춰 주기 위해 한번씩 일부러 더 엄하게 다스렸다.

그에 더해, 어머니는 내게 자신감을 심어 주셨다. 어머니는 항상 입버릇처럼 내게 말씀하셨다.

"우리 찬영이는 꼭 큰사람이 될 거야."

그러면서 지긋이 나를 바라봐 주셨다. 지금처럼 내가 제법 무언가를 이루었을 때 하신 말씀이 아니다. 내가 중심을 잡지 못하고 헛된 일을 할 때나, 제대로 된 성과를 내지 못하고 존재감이 미미했을 때에도 어머니는 늘 끊임없이 내게 "넌 대단한 아이이고 큰사람이 될 거야"라는 메시지와 함께 기대감 어린 눈빛을 보내 주셨다.

부모님은 내게 대단한 재산을 물려주지는 못하셨지만, 어떠한 상황에서도 위축되지 않고 나 '정찬영'이 원하는 대로 '정찬영'스럽게 일을 밀고 나갈 수 있는 자율성과 자신감을 심어 주셨다.

그래서 나는 오늘도 '아버지의 이름으로' '어머니의 눈빛 아래' 앞으로 나아가고 있다.

요즘 멘토링을 요청해 오거나 개인적인 상담을 해 오는 젊은 친구들이 있다. 진학, 취업, 창업, 연예, 결혼 등 그들의 다양한 고민을 듣고 있자면 의외로 '가족'에 대한 고민이 많다.

"가족들끼리 너무 안 친해요. 안 맞아서 미치겠어요."

"가족이 아니라 무슨 웬수 같아요. 번번히 발목을 잡으니……."

그럴 때마다 나의 어린 시절과 나의 가족 이야기를 하면 깜짝 놀라고는 한다. 유튜브 영상에 비친 스포츠카를 모는 나의 모습, 언론 지면에 인쇄된 우리 사무실의 전경과 그 안에서 회의를 주재하고 있는 나의 모습 등만을 보아 온 친구들은 내가 원래부터 대단한 집안에서 자라, 아버지로부터 종잣돈을 든든히 물려받은 금수저나 다이아몬드 수저인 줄 알았다는 것이다.

그러면 나는 "물려받은 것이 있다"라고 답한다. 아니, '물려받은 것이 많다'라고 말하고는 한다. 금수저는 아니지만, 스테인리스 수저로도 함께 맛있게 밥을 나눠 먹을 수 있는 든든한 가족들이 있었다.

내가 이룬 모든 것은 가족이 없었으면 이루지 못했을 것이다. 나 역시 가족이 내게 큰 도움이 되지 않았을 때도 있고, 심지어 가끔은 내가 삶을 살아가는 데 방해가 된다는 몹쓸 생각을 한 적도 있다. 그러나 이제 와서 다시 생각해 보면, 가족은 부담이나 짐이 될 때보다 묵직하게 나를 지켜 주는 방파제요, 내 마음을 정박시킬 항구요, 내가 성공을 향해 박차고 나아갈 수 있는 활주로 역할을 해 줄 때가 더 많았다.

아버지의 "응, 하고 싶으면 해" 그 한마디. "넌 꼭 큰사람이 될 거야"라며 나를 지긋이 지켜보고 기대해 주시던 어머니의 눈빛. 착실하게 자신의 본분을 다해 나가며, 내게 진심 어린 충고를 아끼지 않는 형. 그들이 있었기에 지금의 내가 있을 수 있었다.

언젠가 이런 글을 읽은 적이 있다.

'사랑하는 사람이 사랑했다고 하는 것보다, 사랑을 받은 사람이 나는 사랑을 받았다고 느끼는 것이 진정한 사랑이다.'

가족들은 내게 아무것도 해 준 것이 없다며 미안해하

지만, 나는 그들에게 사랑을 받았고 지지를 받았다고 느꼈으며, 그러한 사랑의 토대 위에 내 성공의 이야기들을 차곡차곡 자신감 있게 쌓아 올릴 수 있었다.

Born in this world,
the greatest thing we experience
learning the love of a family.

이 세상에 태어나 우리가 경험하는 가장 멋진 일은 가족의 사랑을 배우는 것이다.

- 조지 맥도널드George Macdonald(1824~1905, 스코틀랜드 시인)

나는 쓴다,
나를 쓴다

◇◇◇◇

"대표님, 뭘 그렇게 쓰세요?"

아마도 내가 만나는 이들로부터 가장 자주 듣는 말일 것이다. 그런데 그럴 만도 한 것이, '쓰기'란 내가 가장 자주 하는 행위이자 가장 즐겨 하는 행위이기 때문이다.

나는 쉴 새 없이 쓴다. 누군가와 이야기를 나누는 중에 사업이 될 만한 아이템이나 기회를 만들어 낼 만한 기획이 떠오르면 곧바로 손에서 늘 떠나지 않는 다이어리에 메모를 한다. 사업과 관계된 내용이 아니어도 상관없다. 운전을 하던 중, 식사를 하거나 차를 마시던 중, 아니면 사무실 책상에서 무심코 창밖을 바라보다가 문득 떠오른 아무 생각이라도 내게는 모두가 쓸거리다.

게다가 반드시, 꼭, 펜으로 종이에 쓴다.

물론 나 역시 스마트폰을 포함한 온갖 IT 기기를 가지고 있다. 때로 급한 메모는 그 기기들의 도움을 받고는 한다. 그러나 역시 손으로 종이에 쓸 때와는 기분 자체가 다르다.

펜이 미끄러질 듯 미끄러지지 않으며 종이 위를 서걱서걱 긁고 나아갈 때의 느낌, 아무것도 없던 하얀 종이를 금세 검게 채우는 내 생각의 자취, 그리고 하루를 마무리할 무렵이면 꽤 여러 장의 종이에 남은 내 시간의 기록들. 그것들이 주는 뿌듯함과 기쁨을 똑같이 주는 IT 기기가 세상에 등장했다는 소식은 아직 들은 적이 없다.

예전에 신문 기사에서 읽었는데, 캐나다 오타와대학교

에서 재활 치료를 가르쳤던 카티아 페더Katya P. Feder라는 교수가 발표한 연구 결과에 따르면 '머리와 손은 친하다'고 한다. 페더 교수는 자신을 찾아온 학습 부진아와 집중력 장애 아동들에게 그들이 생각하는 것을 글로 표현하여 노트에 적어 보도록 지속적으로 연습시켰다. 아이들은 처음에는 펜을 바닥에 던지고 짜증을 내거나 울음을 터뜨리는 등 제대로 하지 않았다. 그러나 페더 교수를 비롯한 연구원들의 관심과 배려, 부모들의 지원 속에 조금씩 날마다 필기를 하기 시작했고, 이내 얼마 지나지 않아 아이들은 하루 일과, 그날 느낀 감정, 재미있었던 일과 슬펐던 일 등을 노트에 써 내려가게 되었다.

그동안 페더 교수는 아이들에게 단순한 조사를 한다고 안심시키며 뇌파를 측정해 손으로 글을 쓰기 이전에 비해 글을 쓴 이후에 뇌가 얼마나 활성화되었는지를 기록했다. 꽤 오랜 기간 동안 모아진 기록을 분석한 결과 놀라운 것을 발견했다. 펜과 종이로 자신의 생각을 지속적으로 작성

한 아이들의 뇌는 그렇지 않은 아이들의 뇌보다 월등히 활성화되어 있었고, 심지어 몇몇 집중력 장애아들은 증세가 눈에 띄게 호전되었던 것이다.

그 결과에 고무된 페더 교수가 연구 결과를 발표하며 처음으로 한 말은 다음과 같다.

"머리와 손은 친하다."

부연 설명을 조금 하자면 글쓰기는 뇌에 자극을 준다. 글을 쓰면 손으로부터 발생하는 자극으로 인해 뇌와 연결되는 일종의 작은 길이 만들어진다. 이후 글을 쓸 때마다 그 자극 때문에 뇌가 활성화되는 것은 물론, 손으로 필기한 내용은 뇌에 잘 저장되어 기억력 향상의 효과도 가져온다고 한다.

즉, 같은 내용을 녹음하거나 스마트폰 혹은 PC를 이용해 기록하면 더 빠르고 편하게 '입력'할 수는 있지만, 정보가 저장될 뿐 뇌는 오히려 휴식에 들어가는 경우가 많다. 그러나 펜을 손에 쥐고 글을 쓰는 경우는 다르다.

그뿐 아니라 '적는 것'은 '생각만 하는 것'보다 훨씬 더 강력하게 '실행하는 것'과 연결이 된다. 과거 예일대학교 졸업생들을 대상으로 한 유명한 실험 이야기가 있다. 1953년, 예일대학교에서는 졸업생을 대상으로 노트나 메모지에 인생 목표와 그것을 달성할 계획을 적었는지 여부를 물었다. 단 3퍼센트의 학생들만 '그렇다'고 답했고, 나머지 97퍼센트의 학생들은 '생각은 했지만 적어 놓지는 않았다'라고 답했다.

20년이 지난 1973년, 대학 측은 20년 전의 졸업생들을 대상으로 조사를 했다. 그 결과 목표와 계획을 적어 놓은 3퍼센트가 나머지 97퍼센트보다 훨씬 더 부유할 뿐 아니라 가정적으로 행복한 감정을 느끼며 만족스러운 생활을 하고 있다고 답한 것으로 나타났다. 이는 비슷한 종류의 여러 조사에서도 공통적으로 입증되는 사실이다.

나는 틈만 나면 수첩을 펴 들고 이런저런 것을 적는다. 수첩에 적힌 것들은 내가 이룬 현실이 되었고, 현실이 되고 있고, 앞으로 현실로 이루어질 것이다.

물론 생활 패턴이나 여러 가지 삶의 여건상 디지털 기기의 사용에 더 익숙한 이들도 있다. 그런 이들에게까지 '노트를 구해, 펜을 사용해, 손으로 직접 글씨를 적어서 기록하는 것만이 우월하다'고 강요하고 싶지는 않다. 다만, 어떠한 도구를 이용하든 하루에 한 번쯤은 자신의 생각을 정리하는 시간을 갖고, 생각을 그냥 흘려보내지 말고 글로 정리해 기록하는 습관을 가져 보라고 권하고 싶다.

적 · 자 · 생 · 존

지금까지도 그랬고 앞으로의 세상도 오로지 '적는 자 Writer'가 '생존Survival'하는 세상이 될 것이다.

천재의 뛰어난 머리보다

한 자루의 몽당연필이 낫다.

- 독일 속담

1만 시간 자수성가의 비밀

드라마 속 재벌은 없다

◇◇◇◇

바빠서 혹은 흥미가 없어서 TV 드라마를 챙겨 보지는 못하지만, 간혹 우연히 드라마를 보다 보면 실소를 머금게 만드는 장면이 있다. 어렸을 때는 '그 장면'들을 보며 실소를 터뜨리지 않았다. 아니, 오히려 "우아!" 하고 감탄하며 물끄러미 쳐다본 적도 많다. 그러나 나이가 들고 인맥이 넓어지면서 '그 장면'들이 얼마나 터무니없는지 알게 되니 가뜩이나 보지 않는 드라마이지만 더더욱 안 보게 되었다.

내가 우리나라 드라마에서 가장 현실성이 없다고 느끼는 대목 중 하나는 돈이 많다고 돈을 함부로 여기고 흥청망청 써 버리는 재벌이 등장하는 장면이다. 물론 사치와 낭비로 가산을 탕진한 재벌이나 갑부가 간혹 있다. 일간지 보도 등을 통해 가끔 그런 이들의 뉴스를 전해 듣고는 한다. 그러나 극히 일부일 뿐 대부분의 부자, 특히 재벌 반열에 오른 이들은 단언컨대 '절대로' 자신의 돈을 허투루 쓰지 않는다.

아는 선배에게 들은 이야기인데, 그분의 대학 시절 과 동기가 지금은 우리나라에서 첫째, 둘째로 손꼽히는 화장품 재벌가의 장남이었다고 한다. 어느 날, 그를 포함해 동기들과 같이 술집에 갔단다. 그곳은 대학생 수준에서 제법 고급 술집이기는 해도 그렇다고 엄청나게 비싼 술집은 아니었다. 거나하게 취할 만큼 술을 마신 뒤 가게를 나서려는데 재벌가 장남이 가방에서 공대생용 계산기를 꺼내더니 술값을 사람 수대로 나눠 돈을 거두었다. 먼저 술을 마시러 가자고 한 것도 그였고, 집안 재력에 비추면 그 정도 술자리 비용은 푼돈일 듯싶어 동기들이 입을 모아 말했다.

"야, 대ㅅ ○○○ 가문의 아들이 쩨쩨하게…… 그냥 네가 한번 쏴라!"

그러자 재벌가의 장남이 정색을 하고 말했다.

"내 돈이냐? 아버지 돈이지. 그리고 같이 먹고 마셨는데 이걸 왜 내가 다 내야 하는데?"

그는 기어이 회비를 걷어 술값을 계산했다고 한다.

'있는 집 자식이 아량도 없이 너무 야박하게 군다'고 비난할 수도 있지만, 그 동기들의 행동도 정당하다고 할 수 없다.

엄청난 고가의 사치품을 구매하거나, 때론 무모하다 싶을 정도의 낭비를 일삼는 이들도 있다. 그러나 그런 사람은 극히 소수이다. 실제로 시간당 주차비 4000원을 아끼려고 건물 바로 앞에 있는 사설 주차장 대신에 꽤 걸어야 하는 공영 주차장에 차를 세우고 걸어온 건물주를 본

적이 있다. 어떤 중견 재벌 오너분과 식사할 때에는 음식을 남겼다고 잔소리를 듣기도 했다. 강남에만도 건물이 여러 채 있는 회장님과 사무실에서 미팅을 마치고 식사를 하러 나섰는데, 회장님이 "사무실에 전깃불을 켜 둔 채 나온 것 같은데 비서들도 퇴근했을 것 같다"며 다시 사무실로 들어갔다 오겠다고 하는 것을 본 적도 있다.

나 역시 지갑이 점점 두툼해질수록 지갑의 무게를 더 심각하고 절실하게 느끼려 노력하고 있다. 나의 삶에 의미가 있는 것, 내 인생에서 해 보고 싶은 것에 투자할 때는 (다소 미안한 말이지만) 일반인이라면 상상도 못 할 정도의 거액을 현찰로 턱턱 내기도 하지만, 의미가 없는 일에는 최대한 지갑을 열지 않으려고 노력한다.

'일과 삶의 균형'을 중요시하는 시대가 되고, 대기업들을 중심으로 주 52시간 근무제가 정착되면서 야간이나 주말에는 가급적 근무를 하지 않는 것이 대세가 되었지만, 사장에게는 그런 것이 적용되지 않는다. 비용 나갈 것이 많은 월말이나 주요한 의사 결정을 할 때, 사업상 준비해야 할 것이 많을 때는 현안 업무는 주중에 주로 처리한 뒤, 주말에 나 홀로 출근하여 그러한 일들을 한꺼번에 몰아서 처리하고는 한다. 그럴 때면 편의점에서 햄버거 하나, 음료수 하나 사 와서 먹으면서 일한다.

부자들에게는 '돈'이 문제가 아니다. '의미意味'가 문제다. 오로지 돈이 제대로 된 값어치를 하며 쓰이고 있는지 그렇지 않은지가 중요하다. 10억을 쓰더라도 의미가 있는 곳에 내 의도대로 쓰인다면 괜찮지만, 단 돈 100원이라도 내가 생각지도 못한 순간, 의도하지 않은 곳, 혹은 의미 없다고 생각하는 데에 쓰인다면 심각하게 받아들이고 때로는 불같이 화를 내는 것이다.

"바늘 도둑이 소도둑 된다."

이 말을 역으로 말하면 이런 뜻이다.

'바늘 부자가 소 부자가 된다.'

바늘 귀한 줄 아는 사람이 소 귀한 줄 아는 부자가 되고, 바늘 같은 미미한 물건의 쓰임새와 의미에 관심을 기울일 줄 아는 사람이 소의 가치를 알아보고 그것을 자신의 재산으로 부릴 줄 아는 부자가 되는 것이다. 바늘 같은 사소한 것에도 의미 없이는 돈을 쓰지 않는 사람이 소처럼 큰 재산을 모을 수 있다.

다시 한 번 말하지만, 드라마 속 재벌은 현실에 없다. 가난한 사람들이 저마다의 사연으로 가난해졌듯이, 모든 부자 역시 저마다의 이유로 부유해졌다. 가난하다고 해서 모두 똑같은 모습으로 살아가지 않듯이 부자라고 해서 모두 똑같이 흥청망청하지도, 지독한 구두쇠처럼 자기 것은 아끼면서 주변 사람을 쥐어짜지도 않는다.

또 한때 흥청망청했다고 해서 평생 그렇게 사는 것도 아니다. 돈을 몹시 아끼는 짠돌이였는데 어느 때에는 너그럽게 베푸는 갑부를 본 기억도 있다. 이처럼 지극히 상황적Case by case이고 개별적이다. 그런데도 사람들은 너무 쉽게 자신이 아는 고정관념의 틀에 타인, 특히 부자를 대입하고 쉽게 '선망'을 하거나, 그보다 더 쉽게 '비판'을 한다. 그런 이들에게 '그럴 시간에 남 얘기 하지 말고 당신이 부자가 될 생각이나 하라'고 말해 주고 싶다.

We envy what others have,
but we don't. Others envy what
we have.

우리는 다른 사람이 가진 것을 부러워하지만,
다른 사람들은 우리가 가진 것을 부러워한다.

- 푸블릴리우스 시루스Publilius Syrus(B.C.85~B.C.43, 고대 로마 시인)

겸손은 미덕이 아니다,
생존이다

◇◇◇◇

자화자찬 같아서 조금은 부끄러운 이야기인데, 나를 실제로 만난 사람들이 공통되게 언급하는 단어가 하나 있다. 바로 겸손이다.

　내가 젊은 나이에 여러 사업체를 창업하여 경영하고, 소셜 미디어에서 어느 정도 이름을 날리고, 세계적으로 희소한 황금색 벤틀리를 몰고 여러 대의 슈퍼카를 번갈아 타며, 유명한 이들과 호형호제하는 내 모습만 보았던 이들은 나를 실제로 만난 후 느낀 이미지 때문에 당황하는 경우가 적지 않다. 그러나 내 삶에 일관되게 견지하는 원칙이 하나 있다. 그것은 내 이름을 앞세워 다른 이들 위에 군림하거나 위세를 떨지 말자는 것이다.

몇 해 전, 국내 굴지의 피자 브랜드를 포함해 여러 개의 프랜차이즈 기업을 거느린 M 그룹의 J 회장이 상가 건물에서 일하는 경비원을 폭행한 사건이 있었다. 뉴스에는 단순히 '중견 그룹 회장이 힘없는 경비원을 폭행했다'는 사실로 보도되었지만, 실제로는 J 회장 일행이 식사하는 도중에 경비원이 건물 밖에서 문을 잠갔고 그 바람에 J 회장 일행은 어두컴컴한 건물 내부에서 한참을 갇혀 있어야 했다. 당연히 공포와 두려움에 떨어야 했고 짜증이 날 수도 있는 상황이었다. 그럼에도 뉴스는 오로지 '재벌 회장의 경비원 폭행'에만 집중했고, 이는 J 회장에 대한 형사 처벌과 M 그룹 브랜드에 대한 대대적인 불매 운동으로 이어졌다.

아웃도어 브랜드 B 사의 K 회장 역시 자신이 타려던 비행기를 놓치자 항공사 용역 직원에게 폭언을 퍼붓고 신문지를 말아 때렸다가 큰 낭패를 본 적이 있다. 실제 속사정을 들여다보면 K 회장이 개인적인 문제로 공항에 늦게 도착해 비행기를 놓친 것이 아니었다. 실은 제시간에 도착해 항공사에서 제공하는 셔틀버스를 타고 이동하기 위해 기다렸는데, 항공사 사정으로 셔틀버스 운행이 지연되면서 타고자 한 비행기를 놓친 것이었다. 항공사만 믿고 기다렸던 K 회장으로서는 당연히 당황했고 그런 자초지종을 설명하다 감정이 격해져서 벌어진 일이었다. K 회장의 사례 역시 전형적인 '부유층, 권력자의 갑질'로 언론에 보도되었고, B 사 역시 한동안 불매 운동에 시달려야 했다.

이 외에도 비슷한 사건이 부지기수다. 성인이 다른 성인에게 폭력을 행사하거나 폭언을 퍼붓는 행위는 무슨 변명으로도 책임을 면하거나 합리화할 수 없다. 그러나 여기서 한 가지 살펴야 할 것이 있다. 만일 J 회장이나 K 회장이 그저 나이 든 노년의 아저씨였다면 (물론 그렇다면 이런 짓을 할 확률도 극히 적겠지만) 이 사건이 그렇게 크게 보도되고 사회 이슈가 되었을까 싶다. 거꾸로, 이들이 저렴한 음식 프랜차이즈 브랜드를 몇 개 보유한 중견 그룹의 회장 또는 아웃도어 브랜드를 전개하는 중견 기업 수준의 대표가 아니라, 삼성이나 SK 등 대한민국 굴지 그룹의 총수였다면 뉴스 보도나 불매 운동이 이 정도에서 그쳤을까 싶다. 즉, 실질적인 법적 책임과는 별개로 사회에서 어느 정도 성공을 거둔 사람은 또 하나의 잣대를 부여받게 된다. 그것을 이른바 '도덕적 책무'라고 한다.

도덕적 책무는 크게 두 가지로 나뉜다. 하나는 '무언가를 하지 말아야 할 책무'이고, 또 하나는 '무언가를 해야 할 책무'이다.

사회적으로 어느 정도 성과를 이루고 일정 수준의 반열에 올라서면 당연히 다른 이들보다 더 큰 힘이 생긴다. 어느 장소에 가든 발언을 하면 속칭 '말발'이 서고, 내가 지시하는 것 하나하나, 행하는 것 하나하나에 새로운 의미와 권력이 부여된다. 그러한 새로운 의미와 권력은 무척이나 달콤하다. 그런 달콤함에 취하다 보면 내가 '해야 할 일'과 '하지 말아야 할 일'에 대한 구분이 희미해진다. 보통 사람들의 기준에 맞춰 산다는 것이 무의미하고 재미없다는 생각에 깊이 빠져들게 되는 것이다. 그러다 보면 사회 통념과 상식에 어긋나는 일탈 행위가 마치 '나 정도 되는 사람은 해도 되는 것' '내가 가진 부와 권력이 나에게 준 혜택'처럼 느껴진다. 뉴스 화면과 신문 지면을 장식하는 부유층, 권력층의 불법, 일탈 행위가 그렇게 일상에서 벌어지게 된다. 따라서 부와 힘을 갖게 되면 첫 번째로 '무언가를 하지 말아야 할 책무'를 강요받게 되는 것이다.

이 점을 가장 간결하면서도 알아듣기 쉽게 전하는 말이 있다. 영화 〈스파이더맨〉에서 주인공 피터 파커가 엄청난 초능력을 보유하게 된 것을 알면서도 모른 척해 주던 숙부가 조카인 파커에게 그 힘을 나쁜 일(혹은 자기 개인의 욕망을 해결하는 일)에 쓰지 말 것을 권하며 하는 바로 이 대사이다.

반면, 다른 형태의 책무를 강요받기도 한다. '무언가를 해야 할 책무'다. 나 개인이 성취한 부와 권력은 일면 나의 노력만으로 이뤄 낸 듯싶지만, 조금만 더 들여다보면 이 세상을 함께 살아가는 가족, 친구, 이웃이 없었더라면 이뤄 낼 수 없었던 성과다. 당장에 내 손에 쥔 단 몇 푼이라도 고객들이 없었더라면 제아무리 내가 발버둥을 쳐도 벌 수 없었다. 그 점을 인식하고 내가 손에 쥐고 있는 것이 나 혼자만의 것이라는 착각에서 벗어나, 그 돈을 활용해 주위를 돌보고 도와줄 수 있어야 한다.

흔히 '노블레스 오블리주Noblesse Oblige'가 이 '무언가를 해야 할 책무'라는 의미로 쓰이는데, 이 말의 원래 뜻은

'귀족의 의무'다. 14세기 무렵 프랑스의 도시 칼레를 영국 군이 포위했다. 기나긴 저항과 휴전 협정 끝에 영국 왕 에드워드 3세Edward Ⅲ는 칼레 시민의 안전을 보장하는 대신 그동안의 저항에 대한 반성과 재발 방지 차원에서 저항의 주동자 여섯 명을 정해 교수형에 처하겠다고 했다. 실은 이렇게 말하면 '누구를 죽이고 누구를 살리느냐?'를 두고 칼레의 시민들이 사분오열되어 다툴 테고 그 틈을 타서 칼레를 점령해 버리려는 속셈이었다.

그런데 예상과 달리 엉뚱한 일이 벌어졌다. 당대 칼레는 물론 프랑스에서도 최고 부자로 꼽히던 외스타슈 드생피에르Eustache de Saint Pierre가 스스로 처형당할 여섯 명 중 하나라고 자청했다. 그러자 역시 귀족 가문 출신인 시장, 판사 그리고 유력한 가문 출신의 영주 세 명이 나머지 다섯 자리 교수 형틀의 주인은 자신들이라고 나섰다.

당시 임신 중이던 아내의 간청이 있던 차에, 단결된 칼레 시민들의 더 거센 저항을 우려한 에드워드 3세는 시청

앞마당에 설치되어 있던 여섯 개의 교수 형틀을 거두고, 단 한 사람의 처형 없이 모든 칼레 시민을 용서해 주라는 명령을 내릴 수밖에 없었다. 이는 노블레스 오블리주의 상징 같은 사건으로, '귀족의Nobless 책무Oblige'는 곧 '힘과 권력을 가진 이들이 해야 하는 책무'를 뜻하는 말로 쓰이게 되었다.

이제 '무언가를 하지 말아야 할 책무'와 '무언가를 해야 할 책무'를 실천하는 것은 사회적 성공을 거둔 이들이 반드시 명심해야 할 중요한 덕목이 되었다(물론, 나는 아직 내가 '성공했다'고 자신 있게 말할 정도는 아니라고 끊임없이 스스로에게 이야기하고 있지만……).

시대의 변화와 정보 통신의 발달로 사회가 좀 더 수평적이 되고, SNS를 통한 소통이 활성화되면서 이제 이런 책무를 다하지 않는 이들에 대한 비판이 눈 깜짝할 사이에 퍼져 나간다. 오늘 서울특별시 마포구 서교동에서 갑질을 한 홍길동 씨에 대한 소식을, 불과 한 시간 뒤에 부산광역

1만 시간 자수성가의 비밀

시 해운대 백사장에서 일광욕을 하는 이가 검색할 수 있으며, 같은 시각 미국 보스턴에 사는 이가 그에 대해 비난의 댓글을 달 수 있는 세상을 우리는 살고 있다.

이제 도덕적 책무와 겸손, 겸양은 성공한 이들이 선택할 수 있는 덕목 중 하나가 아니라 성공했다면, 아니 성공하고 싶으면 반드시 갖추어야 할 필수 요건으로 바뀌었다.

많은 사람이 착각하는데, 겸손의 반대말은 자신감이 아니다. 자만심과 무례함이다. 도덕적 책무를 다하고, 상대가 누구이건 간에 겸손하게 대하고 진솔하게 소통하는 것은 나를 낮추는 행위가 아니라 내가 얼마나 강한 사람인지, 내가 얼마나 자기 관리를 잘하는 사람인지를 보여 주는 척도다.

제법 성공한 사업가들이나 회사에서 일 잘한다고 소문난 이들, 심지어 학교에서 공부 좀 한다고 인정받던 이들이 얼마 가지 못해 고꾸라져 버리고 마는 경우를 심심찮게 발견할 수 있다. 여러 가지 이유가 있겠지만, 상당수의 경우 '작은 성공' '작은 성취'에 도취되어 그것을 내세우고, 남들에게 자신의 영향력을 발휘하며 마음껏 성취감을 누리는 데에만 급급해서 남들이 어떻게 바라보는지, 어떻게 생각하는지, 어떤 감정을 느끼고 있는지를 살피는 것을 등한시한 결과다.

겸손하다고 자신감이 없는 것은 아니다. 다시 말하지만 겸손함의 반대말은 자신감이 아니다. 자신을 있는 그대로 보지 못하고 자신이 제일 잘났다고 여기며 '하지 말아야 할 일을 감히 저지르는' 자만심, 자신을 남들과 다르다고 여겨 '해야 할 일, 지켜야 할 일을 하지 않는' 무례함이 겸손함의 반대말이다. 겸손은 우리가 오래도록 성공할 수 있도록 지켜 주는 귀한 무기다.

나 역시 내면의 성숙함을 완벽하게 갖춘 존재가 못 되는지라 겸손이 몸에 배도록 노력하고 있다고는 말할 수 있지만, 나 스스로 완벽하게 겸손한 인간이라고 말하기는 어려울 것 같다. 그러나 나의 부족함을 알고 수긍하면서 끊임없이 나아지려는 과정에서 어제보다 조금 더 겸손하고 주위를 살피고 배려할 줄 아는 사람이 될 거라는 믿음으로 열심히 노력하고 있다.

The flower that smells the sweetest
is shy and lowly.

가장 아름다운 향기를 내는 꽃은
언제나 수줍음을 잘 타고 키는 매우 작다.

– 윌리엄 워즈워스William Wordsworth(1770~1850, 영국 낭만주의 시인)

아침형 인간인지 아닌지는
그다지 중요하지 않다

◇◇◇◇

내 성공 비결을 궁금해하는 많은 사람이 반드시 묻는 질문이 하나 있다.

"정 대표님은 아침형 인간인가요?"

2003년 우리나라에 '일본 열도의 아침을 바꾼 책'으로 소개된 《아침형 인간》은 100만 부 이상 팔리는 공전의 히트를 기록했다. 그 인기의 여파로 한동안 우리나라에서는 '성공을 하려면 아침 일찍 일어나라'는 것이 무슨 공식이자 진리인 듯 여겨졌다. 그리고 이번에는 그에 대한 반발심(?) 혹은 반론으로 '저녁형 인간' '심야형 인간' '새벽형 인간' 등의 용어가 우후죽순처럼 등장했다.

결론부터 이야기하자면 나는 '아침형 인간'이 아니다. 아침형 인간이 아닐뿐더러 저녁형 인간도, 심야형 인간도, 새벽형 인간도 아니다. 그냥 일어나는 그 순간 최선을 다해 하루를 시작하는 인간일 뿐이다. 나는 그 대신 "당신은 ○○형 인간입니까?"라고 묻는 이들에게 되묻고 싶다.

"당신은 아침을 무엇으로 시작합니까?"

사람들은 '몇 시에 아침을 시작하는가?'에만 집중할 뿐, 그렇게 일어난 이후의 시간을 어떻게 보내는지에는 신경을 덜 쓰는 경향이 있다.

나는 아침에 잠자리에서 일어나면 가급적 반신욕으로 하루를 시작한다. 특별히 남다른 방식은 아니고, 체온보다 약간 높은 온도의 따뜻한 물을 욕조에 받고 하반신을 담근 뒤 일정 시간을 보낸다. 그 시간은 내게 단순한 샤워나 목욕의 시간이 아니다. 그보다는 하나의 '의식'에 가까운 시간이다.

티머시 페리스Timothy Ferriss가 지은 《툴스 오브 타이탄스Tools of Titans》라는 책이 있다. 2016년 겨울에 출간되어 2017년 《뉴욕타임스》 선정 베스트셀러에 오르는 등 세계적으로 공전의 히트를 친 자기 계발서다. 우리나라에는 《타이탄의 도구들》이라는 이름으로 번역되어 역시 큰 인기를 끈 바 있다.

페리스는 페이스북이나 우버, 알리바바 등 혁신적인 IT 기업 또는 인터넷 서비스 기업에 투자하여 크게 성공한 투자가이자 프린스턴대학교에서 '기업가 정신' 과목을 강의하는 특임교수이며 베스트셀러를 여러 권 출간한 유명 작가다. 남들은 평생 동안 한 가지도 이루기 어려운 일들을 짧은 시간 내에 모두 이룬 대단한 인물이다. 그런 그가 뛰어난 일을 해낸 수많은 인물을 직접 만나서 그들이 성과를 거둘 수 있었던 근본적인 이유, 습관, 행동 원칙 등을 취합하여 엮은 책이 바로 《툴스 오브 타이탄스》이다.

책에는 다양한 이야기가 나오는데 그중 나의 관심을 가장 크게 잡아 끈 것은 성공한 많은 이들(저자는 책에서 그들을 '타이탄'이라고 일컫는다)이 '아침마다 행하는 의식'과 관련한 이야기였다. 타이탄들은 아침마다 자신만의 고유한 '의식'을 행하는 공통된 특징이 있다고 한다.

아직 '타이탄'이라고 일컬을 만한 사람은 아니지만 나 역시 반신욕이라는 나만의 의식을 통해 차근차근, 내가 주인공인 나만의 하루를 만들기 위한 준비를 하고 있다.

사업을 하고자 할 때, 들어가는 비용을 무제한으로 감당할 수 있으면 성공에 이르는 방법은 간단하다. 경쟁자가 망하거나 지쳐 항복할 때까지 필요한 모든 자원을 투입하며 승부를 내면 된다. 그러나 현실은 그렇지 않다. 자원은 유한하고 시간과 인력은 늘 부족하다. 고객들은 가만히 앉아서 우리가 전달하고자 하는 정보를 받아들일 만큼 인내심이 많지 않고, 경쟁자들은 나날이 더 독하게 승부를 걸어온다.

그래서 기획력이 중요하다. 우리는 한정된 자원으로 경쟁자보다 단 1센티미터라도 더 앞서 나가야 한다. 그 답은 차별화된 기획력에 있다. 좀 더 다양한 방향에서, 다채로운 내용을, 색다른 방식으로 선보여야 한다.

그러한 기획력을 나는 회사에서 업무 시간에 주로 발휘하고, 기획 또한 그때 완성시킨다. 하지만 그 단초는 뜻밖에도 반신욕을 하는 아침의 욕실에서 자란다.

아무리 무대 경험이 많은 원로 가수라고 하더라도 무대에 서기 전에는 반드시 리허설을 한다고 한다. 노래 실력에 자신이 없어서, 연습하기 위해서가 아니다. 이미 연습은 완벽하게 되어 있다. 그럼에도 그들이 사전에 무대에 서는 이유는 이미지 트레이닝을 하기 위해서다. 공연이 시작되면 무대의 어느 편에 서서 어떤 구절에 어떤 감정을 담을지,

또 어떤 구절에서 이동해 어떤 춤 동작을 취할지 머릿속으로 하나하나 그려 보는 것이다. 리허설을 어떻게 치르느냐가 가수들의 인기와 무대에서의 수명을 좌우한다고 한다. 나 역시 그런 리허설을 아침나절의 욕실에서 하는 것이다.

욕조에 앉아 살며시 눈을 감고 전날 정리해 놓은 오늘 하루 일과를 떠올린다. 그리고 그날 처리해야 할 주요한 업무들을 하나씩 생각해 본다. 문제가 될 만한 상황이 무엇이며 챙겨야 할 것들은 무엇인지, 만나야 할 사람이 누구이고 그와 나눠야 할 중요한 이야기는 무엇인지를 떠올려 본다. 그다음에 그러한 여러 이슈를 해결하기 위해 필요한 나만의 아이디어를 하나씩 떠올려서 이미지화하고 검증해 보는 작업을 한다. 그로 인해 들어가는 돈이 얼마이며, 힘들거나 다치는 이들은 없는지…… 이 작업이 성공적이면 곧 그날의 성공적인 업무로 연결되지만, 실패한다고 해서 손해를 보거나 문제가 될 것은 없다. 이 모든 것이 나의 머릿속에서 이루어지기 때문이다. 이 과정에서 바로 우리 업무에 가장 필요한 '기획력'이 한없이 증진된다.

나는 그 일을 아침나절의 욕조 안에서 해낸다. 일종의 나만의 의식인 것이다. 여러분은 아침에 '자기만의 의식'으로 무엇을 행하는가?

그저 일찍 일어나야 한다는 강박에 여러 번 울리는 알람음에 맞춰 일어났다 누웠다를 되풀이하다가, 잠들지도 깨어나지도 않은 상태로 멍하니 천장을 바라보다 힘없이 아침을 시작하지는 않는가? 언제 일어나느냐는 중요하지 않다. 언제 일어나건 그 순간부터 시작되는 하루를 온전한 나의 하루로 시작할 수 있는, '나만의 의식('의식'이라고 불러도 좋고 '행위'라고 불러도 좋다. '파티'나 '축제'라고 불러도 무방하다)이 있느냐, 그렇지 않느냐가 중요하다.

We first make our habit,
and then our habits make us.

처음에는 우리가 습관을 만들지만,
그다음에는 습관이 우리를 만든다.

\- 존 드라이든John Dryden(1631~1700, 영국의 시인이자 극작가, 비평가)

세상 최고의 공부,
인문학 공부

◇◇◇◇

사업을 본격적으로 하면서 시간 내기가 힘들어 예전만큼 많이 읽지는 못하지만, 그래도 짬이 나면 나는 습관처럼 책을 펴 들곤 한다. 특히 인문학과 관련한 책을 즐겨 보는 편이다. 간혹, 미팅을 하기 위해 사무실을 찾은 고객들이나 지인들이 내가 읽는 책의 표지를 보고 고개를 갸웃거리곤 한다. 책의 제목과 장르가 자신들의 짐작과 다르기 때문인 듯하다.

온라인 광고 시장과 인터넷 관련 사업은 패션 산업 이상으로 유행에 민감하고 트렌드 역시 빠르게 변하는 업계로 유명하다. 올해 대박을 친 아이템이 내년에는 소리 소문 없이 사라져 버리는 일이 다반사고, 오늘 검색어 순위 상위권을 차지한 단어가 내일은 순위권 밖으로 밀려나도 당연하게 여긴다.

그런 업계에서 사업을 벌이고 있기에 아마도 정찬영이 보는 책들은 트렌드의 변화와 밀접하게 관련되었거나 혹은 내가 벌이고 있는 또 하나의 사업 영역인 요식업과 관련되었을 거라고 예상하는 듯싶다. 그러나 평상시 내가 보는 책의 상당수가 그런 예상에서 벗어난 인문학 관련 책들이다. 책 제목을 보면 바로 다음과 같은 질문이 이어진다.

"왜 이런 책들을 읽으세요?"

글쎄, 왜 그런 책들을 읽을까?

많은 이가 '인문학의 위기'인 시대라고 한다. 인터넷의 발달, 5G 통신과 AI의 등장 등으로 우리 시대는 더 많은 정보 통신 기술의 혜택을 보게 될 것이고, 전통적인 영역의 인문학은 더 이상 필요도, 쓸모도 없는 시대가 될 것이라는 말을 하곤 한다.

실제로 전통적인 인문학 영역인 이른바 '문사철文史哲' 관련 학과인 국문학과나 한문학과, 철학과, 사학과 등을 통폐합하거나 정원을 줄이는 대학이 속출하고 있다. 그렇게 줄였는데도 매년 관련 전공을 이수한 대학생 상당수가 취업을 하지 못해 대학 졸업과 동시에 기약 없는 '취준생' 신분으로 갈아타고 있다. 그런 중에 나는 왜 '그런 책들'을 읽는 것일까? 나는 인문학에 본질적인 성공의 길, 승리의 비결이 있다고 믿기 때문이다.

요즘 나의 가장 큰 고민 중 하나는 경영자로서 나의 '리더십'이다. 사실은 요즘에만 국한된 고민이 아니라, 사업을 시작하고 대표의 자리에 오르면서부터 늘 고민해 온 화두다. '내가 과연 좋은 리더인가?' '구성원들의 업무를 지원하고, 그들이 더 나은 사람이 될 수 있도록 육성하고 있는

1만 시간 자수성가의 비밀

가?' '내 존재가 다른 이들에게 영감을 불러일으키고, 긍정적인 에너지를 주고 있는가?' 시간이 날 때마다 이런 고민을 했고, 더 나은 리더십을 갖추기 위해 필요한 공부를 해왔다. 어떻게? 인문학 공부를 통해서다.

많은 리더들이 더 나은 리더십을 갖추기 위해 공부한다고 하면, 세간에 유행하는 리더십 관련 서적이나 유명한 경영자들이 자신의 리더십에 대해 소개한 자서전 등을 참고하리라고 생각하기 쉽다. 나 역시 그런 책들을 읽지 않는 것은 아니다. 그러나 그보다 내게 더 도움이 되는 리더십 교재가 있다. 바로 '역사책'이다.

날마다 거대한 문제에 직면하며 순간순간 선택의 연속인 리더는 누구일까? 모든 의사 결정이 사람의 생과 사와 연결되어 있고, 자신의 결정으로 인해 세상이 뒤집어지고 시대가 바뀌게 되는 상황을 목도해야 하는 리더는 누구일까? 바로 '왕王'이 아닐까?

시대와 나라에 따라 '왕' '임금' '황제' '천자' '영주' '킹

King' '술탄Sultan' 등의 이름으로 달리 불려 왔지만, 왕이라는 존재는 항상 모든 이에게 일거수일투족이 훤하게 노출된 상태에서 매순간 어려운 의사 결정을 하고 그에 대한 책임을 진다. 그러한 처지에서 그들이 어떻게 누구의 의견을 청취하고, 어떻게 판단하여 어떤 의사 결정을 내렸고, 그 결과가 어떻게 되었는지가 역사책에 담겨 있다. 실로 어마어마한 리더십 교재가 아닐 수 없다.

그뿐만이 아니다. 신화에는 인간이 사건과 사물 그리고 타인을 어떻게 바라보고, 어떻게 느끼며, 어떤 식으로 대응하는지가 그대로 드러나 있다. 중세 시대의 예술을 논한 책에서는 인간의 미의식이 어떤 식으로 발전해 왔는지를 찾아볼 수 있다. 근대 철학책에서는 인간의 사유 체계가 어떻게 정립되고, 어떻게 성장해 왔는지를 발견할 수 있다. 그 책들은 내가 회사를 어떻게 경영해야 할지, 어떻게 직원들을 효율적으로 운용할 수 있을지, 또는 사업 전략을 어떤 방향으로 짜야 하는지 등등에 매우 큰 영감을 제공한다.

이것이 바로 우리가 앞으로 인문학을 더욱더 공부해야 하는 이유이다.

인문학에는 뜻밖에도 우리를 괴롭히는 현재의 고민을 해결하는 데 필요한 다양하고도 풍성한 해답이 곳곳에 숨겨져 있다.

시대는 변한다. 유행 역시 변한다. 그러나 변하지 않는 것이 하나 있다. 그것은 바로 '인간의 본질'이다. 그렇기 때문에 21세기의 한국인인 우리가 이탈리아에서 태어난 레오나르도 다빈치Leonardo da Vinci가 1500년대 초반에 그린 〈모나리자〉를 보고 '아름답다'고 느낄 수 있는 것이다. 또한 1700년대 후반, 오스트리아 사람인 볼프강 아마데우스 모차르트Wolfgang Amadeus Mozart가 작곡한 교향곡을 들으며 감명을 받을 수 있는 것이다. 심지어 19세기 러시아 사람, 표도르 도스토옙스키가 지은 소설 《죄와 벌》을 읽으며 인간의 심리와 인간관계의 근저에 대해 공감하고 탐구할 수 있다. 변하지 않는 인간의 본성에 대해 학습하고, 탐구하며 그를 풀어 설명해 놓은 것이 바로 인문학이다.

중국에서는 초등학생 때부터 당나라 때 살았던 이백李白이나 두보杜甫의 시를 의무적으로 외우도록 하고 있고, 중학생이 되면 《논어論語》를 읽도록 한다. 또 괜찮은 대학에 들어가려면 적어도 600수 이상의 고전 시가를 외워야 하고, 베이징대학교나 칭화대학교 같은 이른바 최고의 명문대에 입학하기 위해서는 무려 1200수 이상의 한시漢詩를 외워야 하는 것으로 알려져 있다. 그렇게 인문학으로 무장한 중국의 기술 관료들, 사업가들이 전 세계를 누비며 종횡무진 활약하는 것이다.

거듭 이야기하지만 경영자나 리더가 되기 위해서는 인간의 변하지 않는 본질에 대한 심도 있는 학습이 필요하다. 장사는 나 혼자서도 충분히 할 수 있다. 나 역시 사회 초년병 시절 나 혼자 일해서 나 혼자 성과를 내는 것은 충분히 잘할 수 있었다. 그러나 사업은 내가 아닌 다른 사람들로 하여금 돈을 벌도록 하는 일이다. 나 역시 팀장으로, 대표로, 직급이 높아질수록 내가 일을 잘하고 돈을 잘 버는 것보다 내 팀원이, 우리 회사 직원이 어떻게 하면 더 일을 잘하고 돈을 잘 벌게 할 것인지가 가장 큰 화두였다.

나이가 들수록, 직급이 높아지고 함께하는 직원이 많아질수록 더더욱 사람에 대한 공부, 인문학에 대한 공부가 필요한 것이다.

It is in Apple's DNA that technology alone is not enough – it's technology married with liberal arts, married with the humanities, that yields us the results that make our heart sing.

사람을 두근거리게 만드는 것은 기술만으로 충분하지 않다. 애플의 DNA는 기술에 교양과 인문학이 접목되어야 한다.

– 스티브 잡스Steve Jobs(1955~ 2011, 애플의 공동 창업자)

사람을
어떻게 바라볼 것인가

◇◇◇◇

아르바이트로 용돈을 벌 때나 회사에 취직해 직장 생활을
시작한 사회 초년병일 때, 혹은 프리랜서로 일할 때는 단
한 가지만 고민하면 된다. '내가 하고 있는 (혹은 맡고 있는)
일을 얼마나 잘할 것인가?' 성과에 대한 평가도 단 한 가지
에 의해서 이루어진다. '하고 있는 (혹은 맡고 있는) 일을 얼마
나 잘하고 있는가?'

그러나 나이가 들어 직급이 높아지거나 직책을 맡게 되

면 이야기는 달라진다. 나 하나만 잘한다고 되지 않는다. 주위 사람과 어떻게 관계를 맺고, 어떻게 일을 진척시켜 개인으로 일할 때보다 얼마나 더 많은 성과를 냈는지가 평가의 척도가 된다.

나 역시 마찬가지다. 과거에는 나의 성공이 내 능력에만 달려 있었다. 내가 얼마나 열심히, 잘하느냐에 따라 성과가 확연하게 달라졌고 그걸로 평가받았다. 그러나 사업체를 여럿 두고 많은 직원과 함께 사업을 영위하는 현재의 나는 그렇지가 않다. 나 혼자서 할 수 있는 일에는 한계가 있고, 나 혼자서 벌 수 있는 돈 역시 한계가 있다. 내가 모든 것을 챙길 수 없고, 모든 것을 다 이루어 낼 수가 없다.

내가 할 일은 나와 함께 일하는 우리 직원들이 자신의 업무 영역에서 최고의 퍼포먼스를 발휘해 최대한의 성과를 낼 수 있도록 지원하고 도와주는 것이다. 나의 최대 고민 역시 '어떻게 하면 우리 직원들이 좀 더 쉽게 일하면서 더 큰 성과를 만들어 낼 수 있을까?' '이를 실현시키기 위해서 대표인 나는 어떤 역할을 해야 하며, 어떤 지원을 제공해야 할까?'이다.

한 단계 더 높은 자리로 올라서고, 더 나은 자리에 앉게 되었을 때 또는 지금보다 더 나은 미래, 더 멋진 앞날을 계획할 때 반드시 해야 하는 고민이 있다.

'내 곁에 어떤 사람을 둘 것인가?'

그런 차원에서 돌이켜 보면, 내 주위에는 참 고마운 직원이 많았다. 회사의 일을 사장인 나보다 더 자신의 일처럼 생각하고 자기의 모든 것을 걸고 해결해 준 친구들, 쉽사리 해결하기 힘든 어려운 일들을 지시하고 부탁했음에도 '안 된다' '못 하겠다'는 말 대신 '뭐 한번 해 보시죠' '안 되기야 하겠습니까?'라며 과감하게 도전하고 끝내 해낸 친구들.

반면 잊고 싶지만 쉽사리 잊히지 않는, 마치 지워지지

않은 흉터처럼 마음속 깊이 생채기로 남은 직원들도 있다.

한창 사업을 펼쳐 나가고 직원을 많이 뽑을 때의 일이다. 업계에서 일 잘한다고 소문난, 전도유망한 사람을 어렵사리 스카우트하게 되었다. 채용하고 보니 듣던 대로 대단한 재능의 소유자였다. 말 한마디, 몸짓과 표정 하나하나에서 세일즈맨의 DNA를 확인할 수 있었다. 그와 몇 마디만 나누어도 사장인 나조차 그에게 무언가를 사야겠다는 생각이 들 정도로 천생 세일즈맨이었다. 이 친구와 함께라면 놀라운 사업 성과를 충분히 거둘 수 있을 거라는 확신이 들었다.

그 확신이 깨진 것은 얼마 지나지 않아서였다. 우리와 온라인 광고 거래를 맺은 한 업체 대표에게서 연락이 왔다. 위약금과 관련한 문의 전화였다. '위약금이라니…….' 금시초문인 내용이었다. 알고 보니 그 직원이 중간에서 농간을 부려 계약은 계약대로 파기시키고, 관련한 계약금과 수당은 그대로 챙겨 먹은 뒤 연락을 끊고 사라져 버렸다는 것이다. 부랴부랴 연락을 해 봤지만 연결이 되지 않았다.

'가장 능력이 탁월하다고 믿었던 직원에게 배신을 당하다니⋯⋯.'

말 그대로 '드라마에서나 보았던 일'이 나에게 일어난 것이다. 내가 선택할 수 있는 길은 두 가지였다. 거래처에는 일단 '나도 피해자이니 기다려 보라'고 설명한 뒤 잠적한 직원을 찾아 나서거나 경찰에 신고해 사법 처리를 받게 하고 최대한 강력하게 민사 소송을 청구해 피해를 줄이는 방법이다. 그리고 다른 하나는⋯⋯.

첫 번째 방법은 택하지 않았다. 나도 인간인지라 사고를 친 직원에 대한 분노와 그가 벌여 놓은 상황에 대한 짜증으로 폭발 일보 직전이었지만 마냥 흥분하며 화를 내고 있을 수만은 없었다. 나는 회사의 대표이고 경영자로 회사에서 벌어지는 모든 일은 최종적으로 내 책임이다. 모든 것은 내가 떠안아야 하는 일들이었다.

먼저 고객에게 연락을 하고 찾아갔다. 구구절절 상황

을 설명하고 면죄부를 받기보다는 솔직하게 우리의 잘못을 인정했다. 한 번의 거짓말로 그 순간을 모면할 수는 있겠지만, 거짓말은 또 다른 거짓말을 불러온다는 것을 이미 잘 알고 있었다. 나는 순간만을 쉽게 모면하기보다는 어렵더라도 정면으로 치고 나가는 방법을 선택했다. 먼저 어찌된 일인지 고객이 궁금해하는 상황에 대해 모두 설명한 뒤에 말했다.

"제가 지금은 정말 돈이 없습니다. 하지만 틀림없이 꼭 갚겠습니다. 원하시는 것, 원하시는 해결 방안이 있으면 말씀해 주십시오. 무조건 듣겠습니다."

내가 입만 열면 주장하던 '고객 우선' '모든 답은 고객에게 있다'를 가장 최악의 상황에서 직접 실천한 순간이었다. 그러자 펄펄 뛸 것 같았던 고객이 의외로 차분하게 이야기를 들어주었다.

물론 이런 경우에 다짜고짜 욕설을 하거나 내 이야기는 들어 보지도 않고 화부터 내는 고객들도 있었지만, 많은 고객이 내 사정을 이해해 주고 합리적인 해결 방안을 만들어 내기 위해 기꺼이 의견을 내거나 내 설명에 귀 기울여 주었다. 어설픈 피해 복구나 손해배상책을 꺼내기보다는 고객이 진심으로 원하는 것을 충분히 말하도록 했다. 일단 현금으로 보상할 여력이 없어서 한 달 제공하는 서비스를 석 달 제공하고, 앞으로도 고객이 원하는 것들을 최대한 우선해서 대응하겠다는 약속을 했다. 결국 그러한 노력 덕분에 나는 다소간의 금전적 손해를 보았지만 고객과 사업체를 잃지 않았고, 고객은 원하는 서비스를 제공받을 수 있었다.

사업을 확장하고 직원들을 계속 늘리다 보니, 믿었던 사람이 회사에 손해를 끼치거나 가까운 사람에게 배신을 당하는 일이 종종 일어났다.

한번은 친하게 지내던 친구가 찾아와서 같이 일하고 싶다고 했다. 마침 일손이 필요하기도 했고, 친구이니 믿고 맡길 수 있겠다 싶어서 그러자고 했다. 명목상으로는 내 밑에서 일하는 직원으로 채용했지만, 나는 그를 파트너로 대해 주었다. 회사의 중요한 의사 결정을 할 때 그의 의견을 물어 반영해 주었고, 여러 가지 권한을 과감하게 위임하기도 했다. 회사의 핵심 기술과 관련된 정보도 제한 없이 열람할 수 있도록 배려했고, 회사에 큰 도움을 주는 굵직한 고객들과도 얼굴을 익히게 도와주었다. 그러나 영화는 청년들의 풋풋한 우정을 그린 '버디Buddy물'로 시작해 배신과 증오가 난무하는 '호러Horror물'로 끝을 맺었다.

친구는 일이 손에 익고, 일과 관련된 핵심 정보를 어느 정도 꿰찼다는 생각이 들자 '독립해 나가겠다'고 나섰다. 나는 흔쾌히 그러라고 했다. 친구의 도전에 응원의 메시지를 전하기도 했다. 그러나 얼마 뒤에 알게 되었다. 그가 무슨 짓을 했는지, 그리고 내가 어떤 일을 당하게 됐는지.

그는 우리 회사의 핵심 정보, 원천 기술을 고스란히 빼가서 우리와 동일한 사업을 하려고 했다. 그는 우리 회사가 업계에서 어렵사리 자리를 잡는 동안 투자했던 초기 비용을 고려할 필요가 없으니, 원가 부담 거의 없이 훨씬 더 저렴하게 서비스를 제공할 수 있었다. 이는 우리 회사와 가격 경쟁력 면에서 엄청난 이점을 갖는 것이었다.

그의 악행은 그뿐이 아니었다. 그는 혼자 나가서 독립한 것이 아니었다. 우리 회사에서 눈여겨봐 둔 똑똑한 친구들에게 미리 접근해 더 높은 급여와 더 나은 직책을 제시해 빼내 갔다. 하루아침에 친구는 업계에서 주목하는 강자가 되었고, 나는 믿었던 친구에게 배신당해 핵심 기술과 인력을 다 빼앗긴 신세가 되었다.

믿었던 이들에게 연이어 배신을 당하자 도저히 사람을 믿을 수가 없었다. 앞으로도 그 누구든 믿을 수 없을 것만 같았다. 업계에서 '일 잘한다'고 소문난 직원을 소개받아도, '혹시 또 사고 치고 잠적하는 거 아냐?'라는 생각이 들어 쉽사리 채용할 수가 없었다. 가깝게 지내는 친구들에게 연락이 와도, '이 녀석도 나를 배신하고 내 것을 빼앗아 가려고 접근하는 거 아냐?'라는 의심이 들어 편하게 만날 수가 없었다.

불 꺼진 텅 빈 사무실에 혼자 앉아 있으면 배신감에 치가 떨렸고 외로움에 몸서리가 쳐졌으며 두려움에 참을 수가 없었다. 심지어 '자살'이라는 단어까지 떠올릴 정도였다.

그때 언젠가 읽었던 글귀 하나가 떠올랐다. 기억이 맞는다면 《맹자孟子》였을 것이다. 맹자가 제자들을 데리고 등 나라로 여행을 떠났을 때였다. 묵고 있던 여관의 주인이 '신발을 잃어버렸다'며 맹자의 제자들을 의심했다. 제자 중에는 도둑질할 사람이 없다며 맹자가 보증을 서겠다고 했지만 여관 주인은 막무가내였다. 심지어 '선생께서 아무나 제자로 받아들이니 형편없는 이들까지 죄다 맹자의 제자 행세를 하고 다니는 게 아니겠습니까?'라며 맹자를 책망했다. 그러자 맹자가 여관 주인을 불러 조용히 타일렀다.

"주인장은 이곳에서 왜 여관을 하시오?"
"그거야, 돈을 벌기 위함이 아니겠습니까?"

"혹시 신발을 훔치기 위해서는 아니오?"

"아니, 그게 도대체 무슨 말씀입니까? 신발을 훔치기 위해 여관을 하다니요?"

"그것 보시오. 내 제자 중에도 신발을 훔치기 위해 내 제자가 된 이는 없을 것이오."

선문답 같은 대화를 나누던 여관 주인은 순간, 크게 깨달은 표정으로 자리에서 벌떡 일어났다. 그러고는 맹자에게 큰절을 올리며 '큰 결례를 범했다'며 사죄했다고 한다.

이 이야기 속 여관 주인이 마치 당시의 나와 같았다. 내가 사기를 치고 배신을 하려고 사람을 찾아가거나 만나지 않은 것처럼, 다른 이들도 모두 사기를 치고 배신을 하려고 나를 찾는 것은 아닐 것이다. 두 번의 쓰라린 배신과 불신은 그저 인생에 한 번쯤 찾아오는 상처 또는 해프닝일 거라는 생각이 들었다.

이 세상에 불변하는 진리가 하나 있다. '사람이 작심하고 사기 치려고 덤벼들면 당해 낼 재간이 없다'는 것이다. 그럴 때마다 가슴 아파하고 좌절하여 제대로 일어서지 못한다면 앞으로 어떤 큰일도 할 수 없을 거라는 생각이 들었다. 나를 배신하고 내게 사기를 쳤던 그들과 함께하기로 한 결정은 내가 내린 결정이며, 따라서 결정에 따른 결과 역시 받아들여야 한다고 생각했다.

그렇게 생각하자 모든 것이 명확해졌다. 그제야 비로소 다시 사람이 사람으로 보이고, 친구가 친구로 보이고, 인연이 인연으로 보이기 시작했다. 쓰리고 아픈 상처였지만 사람을 보는 내 안목과 시야에 큰 자양분이 된 경험이었다.

그 후로도 여러 차례 비슷한 일이 일어났다. 내 건물을 짓기로 한 업자가 배신을 한 적도 있다. 그러나 지금의 나는 이전보다 훨씬 더 단단해졌다. 물론, 여전히 쓰리고 아프지만 남 탓만 하다 보면 아무것도 되는 것 없이 시간만 허비한다는 것을 너무나도 잘 알고 있다.

疑人不用 用人不疑.

사람이 의심되면 쓰지 말고,

사람을 한번 쓰면 의심하지 말라.

-《송사宋史》

혼자서는 작은 목표를 이룰 수 있어도 큰 목표는 이룰 수 없다

◇◇◇◇

하루를 24시간이 아니라 48시간, 72시간으로 살아도 모자 랄 만큼 바쁜 일상이지만, 가끔 휴식이 필요할 때면 꼭 만 나는 사람이 있다.

알고 지낸 지가 벌써 20년이 지난 Y라는 친구다. 이제 는 서른을 넘어 마흔을 바라보는 나이가 되었는데도, 만나 면 이름 대신 별명을 먼저 부르는 친구다. "한강에서 만나 드라이브나 같이하자"고 연락하면 지하철을 타고 버스를

1만 시간 자수성가의 비밀

갈아타고 또 한참을 걸어야 하는 그 먼 길을 마다하지 않고 흔쾌히 나를 만나러 와 준다.

20년을 알고 지냈으니, 서로에 대해 알 만한 것은 다 아는 사이인데도 만나면 별 시답잖은 얘기로 시간 가는 줄 모르고 웃으며 대화를 나눌 수 있고, 이야깃거리가 없을 때는 또 몇 시간이고 별말 없이 앉아 있어도 지루하지 않다. 말없이 카페에 앉아 있어도, 차 한잔 시켜 놓고 서로 자신의 휴대 전화만 보고 있어도 불편하거나 어색하지 않고, 늘 익숙하면서 지루하지 않은 그런 친구다. 언젠가 읽은 책에서 이런 문구를 본 적이 있다.

"선물로 친구를 사지 마라. 선물을 주지 않으면 그 친구의 사랑도 끝날 것이다."

"나만의 비밀 이야기를 한다고 해서 그 친구와 더 친해진다고 생각하지 마라. 그 비밀은 나에게 화살로 돌아올 것이다."

영국의 종교인이자 역사학자인 토머스 풀러Thomas Fuller가 한 말이라고 한다. 실제로 내가 경영인으로서 이런저런 성과를 거두고, 사업적으로 어느 정도 기반을 다지고 돈을 벌게 되자 '선물을 바라며' 친구가 되자고 다가오는 이들이 주위에 꽤 있었다. 심지어 어떤 이들은 먼저 '선물을 주며' 나와 친구가 되고 싶다고 연락해 오기도 했다.

그런 이들의 손을 뿌리치거나 함부로 내치지 않았지만, 그렇다고 그들과 진정한 친구가 되지도 않았다. 그저 내 조언이 필요하다고 하면 조언을 하고, 비즈니스에 관심이 있다고 하면 사업적으로 필요한 부분을 주고받는 정도다.

내게 친구란 '선물로 살 수 있는 존재'가 아니기 때문이다. 내게 친구란 오래오래 곁에 머물러 줄 수 있는 사람이다. 힘들거나 지칠 때도, 기쁘고 행복할 때도, 언제든 함께 나눌 수 있는 그런 사람.

친구를 잘못 만나면 나 자신을 버리게 되고 밑바닥을 구경할 수도 있지만, 좋은 친구를 만나면 내가 생각한 것이상으로 진정한 내 모습을 발견할 수도 있다. 이 때문에 키케로Marcus Tullius Cicero는 "우정은 풍요를 더욱 빛나게 하고, 풍요를 나누고 공유해 역경을 줄인다"라고 말한 것이다.

그런 점에서 본다면 가족이야말로 가장 소중한 친구일 것이다. 오래도록, 아니 거의 평생 동안 함께 지내면서 힘들거나 지칠 때도, 기쁘고 행복할 때도, 언제든 함께 나눌 수 있는 존재, 억지로 자리를 만들거나 기회를 내는 것이 아니라 의도하지 않아도 자연스럽게, 늘 함께하는 존재가 가족이다.

그러나 때로는 소중한 가족을 위해 일한다는 핑계로 가족과 보내는 시간을 갖지 못하고, 심지어 가족을 등한시하는 어리석음을 범하는 경우도 있다. 나 역시 한때는 그런 적이 있다. 앞으로는 그러지 않도록 노력할 것이다. 가족과 친구들과 함께 보내는 시간을 늘리기 위해 노력하고, 그들이 자신의 자리에서 하고자 하는 바를 펼쳐 더 나은 삶을 살 수 있도록 힘껏 도울 것이다.

'우분투Ubuntu'라는 말이 있다. 컴퓨터에 대해 지식과 경험이 있는 이들이나 관련 업계에 종사하는 이들에게는 유닉스 계열의 운영 체제OS의 이름으로 익숙하겠지만, 실제 이 단어는 아프리카인들에게 널리 퍼져 있는 삶의 철학이자 남아프리카공화국의 첫 흑인 대통령 넬슨 만델라 Nelson Rolihlahla Mandela의 중요한 사상이 담긴 말이다.

사하라 사막 남쪽의 아프리카 지역에서 널리 쓰이는 반투Bantu어인 우분투는 우리말로 표현할 수 있는 적절한 낱말은 없지만 굳이 풀어서 쓴다면 '네가 있기에 내가 있다' 정도로 해석할 수 있다.

우리가 사는 세상은 홀로 살아갈 수 없는 세상이다. 나 혼자 잘 살면 문제없을 것 같지만 실제로는 그렇지 않다. 내가 배불리 먹고 식당에서 이를 쑤시며 나왔다 해도 식당 현관 앞에서 몇 끼를 굶은 부랑자를 만난다면 내 배부름에

만족할 수만은 없을 것이다. 내가 넓은 집에서 살고 안락한 자동차를 몰고 다녀도 내 가족, 내 친구들이 열악한 환경에서 살고 엄동설한에 빙판길을 아슬아슬 걸으며 어딘가로 가고 있다면 나 역시 마냥 행복할 수만은 없을 것이다.

그러한 마음 때문에 관심을 갖게 된 것이 우분투라는 말이다. 세상은 모두 이어져 있다. 넓게 보면 우리는 수많은 관계를 맺고 살아가기에 절대적인 '나 혼자만의 행복'이란 있을 수 없다. 그런 생각을 바탕으로 내 가족과 친구, 시야를 좀 더 넓혀 동시대를 살아가는 우리 이웃들의 삶과 행복에 관심을 가지는 것이 우분투 정신의 핵심이다. 나역시 내 가족, 내 주위에 더 많은 손을 내밀려고 한다.

지금까지가 험한 세상에서 경쟁자들과 치열하게 싸우고 내 이름의 간판을 내걸기 위해 무언가를 만들어 온 시간이었다면, 앞으로는 나와 함께 이 길을 걸어온 내 가족과 친구들 그리고 이웃들에게 손을 내밀어 그들과 함께 걸어가고 싶다.

In prosperity our friends know us,
in adversity we know our friends.

풍요 속에서는 친구들이 나를 알게 되고,

역경 속에서는 내가 친구를 알게 된다.

– 존 철튼 콜린스John Churton Collins(1848~1908, 교육가 겸 수필가)

성공 노트

당신이 주인공인
성공 노트를 적어 보세요...

1만 시간 자수성가의 비밀

1만 시간 자수성가의 비밀

1만 시간 자수성가의 비밀